기적을 만드는
엄마의 책 공부

독서를 통해
평범한 워킹맘이
좋은 엄마, 연봉 1억,
베스트셀러 작가가
되기까지!

기적을 만드는
엄마의 책 공부

전안나 지음

"1천 700권을 치열하게 읽어낸
7년 독서 노하우를 한 권에 담다!"

가나출판사

《1천 권 독서법》 이후,
가장 많이 받은 질문은?

"공감이 되는 책을 써주셔서 감사해요"
"저도 매일 책 읽는 여자가 되고 싶어요"
"매일 독서를 하면 5년 뒤에 작가님처럼 될 수 있을까요?"

첫 책 《1천 권 독서법》을 출간하고 많은 연락을 받았다. 직장인을
위한 독서법 책이었지만 초등학교에 다니는 아들 두 명을 키우고 있
는 워킹맘의 이야기에 일하는 엄마들의 공감이 특히 컸다. 출산과 육
아, 살림의 고단함으로 우울증과 불면증을 겪은 이야기는 많은 엄마
들이 자신의 일처럼 느껴졌다고 했다.

책을 출간하고, 강연을 다니며 많은 엄마를 만났는데 강연마다 빠

지지 않고 등장하는 질문들이 있었다. 책을 읽고 싶어도 도대체 시간을 낼 수 없다는 것이었다.

"살림과 육아를 하다 보면, 책 읽을 시간이 없어요"
"업무에 필요한 책도 새벽에 잠을 줄여가며 읽을 수밖에 없어요"
"남편이 네가 책은 읽어서 어디다 쓰냐며 무시해요"

이런 하소연을 들으면 나는 처음 책 읽기 할 때의 내 모습이 떠오른다. 7년 전, 독박육아와 독박 가사로 육아 우울증이 심하게 왔었다. 10년 차 직장인으로 번아웃도 함께 와서 불면증과 무력감으로 죽을 것 같은 시간을 보냈다. 위기에서 빠져나올 수 있었던 건 '하루 한 권 책 읽기' 덕분이었다. 그 덕분에 육아 우울증도 극복하고 작가가 되기도 했다. 7년째인 지금도 하루 한 권 책 읽기는 계속되고 있다.

처음 100권을 읽자 불면증이 사라졌다. 200권을 읽자 일곱 번이나 떨어졌던 대학원에 붙었다. 그것도 1천만 원의 장학금을 받으면서 말이다. 300권을 읽자 너무나 미웠던 남편과 시어머니가 이해되고 관계도 좋아졌다. 500권을 읽자 삶에 대한 의욕이 다시 타올랐고, 800권을 읽자 책이 쓰고 싶어져 글을 쓰기 시작했다. 1천 권을 읽자 《1천 권 독서법》이라는 책을 출간하고 작가가 되었다. 1천 200권을 읽자 두 번째 책을 계약했고, '하루 한 권 책밥'이라는 비영리단체의 대표가 되었으며, 성인독서토론 강사가 되었다. 1천 600권을 읽고 나자 새로운 꿈이 생겼다. 바로 예순 살까지 1만 권의 책을 읽는 것이다. 고작 100권의 독서부터 크고 작은 변화를 경험했는데, 1만 권을 읽고 나면 내 삶에 어떤 일이 생길지 벌써부터 기대가 된다.

일하는 엄마가 하루 한 권 책을 읽는다고 하면 사람들은 의아하게 생각한다. 가장 큰 궁금증은 도대체 책 읽을 시간을 어떻게 만들었을까에 대한 것이다.

"하루 몇 시간 자요?"
"아직 아이가 없나 봐요?"
"정시 퇴근 하는 직장을 다니나 봐요?"
"양가 부모님이 아이를 키워주시나요?"

책 한 권 읽는데 몇 시간이 걸리는 거지? 독서 시간을 어떻게 만들었지? 그 과정에서 누구의 도움을 받았을까? 라는 의문 가득한 시선이다. 맞다. 일하는 엄마는 책 읽을 시간이 없다. 나도 그랬다. 낮에는 회사에서 일하고, 저녁에는 집에서 육아와 살림을 책임진다. 주말에도 쉴 수 없다. 밀린 집안일을 하고, 아이들과 시간을 보낸다. 그러다 보면 책 읽을 시간이 전혀 나지 않는다.

어쩌다가 피곤한 몸을 이끌고, 잠시 숨을 돌려 책을 읽으려 하면

"책을 읽으면 밥이 생기냐? 떡이 생기냐?"라는 남편의 핀잔에 슬그머니 펼친 책장을 덮는다. 그리고 가족들이 잘 때 몰래 도둑 독서를 했다. 7년 전에는 가족들이 잠든 밤에 주방 식탁 앞에서, 출퇴근길 버스에서, 외근 길 지하철에서, 대학원 등하굣길에서 틈틈이 책을 읽었다. 하지만 지금은 따로 독서할 시간을 빼서 당당하게 읽고 있다. 평일 3시간, 주말 5시간을 독서 시간으로 만들고, 그 시간에는 아무도 나를 방해하지 못하게 했다.

일하는 엄마들이여, 왜 몰래 책을 읽는가? 독서가 나쁜가? 아니다. 내가 하는 일에도 도움이 되고, 자녀를 양육하는데도, 험난한 인생을 살아가는데도 실질적인 도움이 된다. 빡빡한 일상에서 잠시 숨 쉴 틈을 주는 것도 바로 독서다. 그리고 우리에겐 책을 읽을 자유가 있다.

16년 동안 일하는 엄마로 산 내가 철저하게 깨달은 것은 이것이다. '일하는 엄마의 책 읽는 시간은 누구도 만들어주지 않는다' 만들어 주기는커녕 방해만 한다. 따라서 우리 스스로 책 읽는 시간을 만들어야 한다. 이대로 살다간 정말 죽을 것 같아서 시작한 하루 한 권 책 읽기의 네 가지 방법을 소개한다.

첫 번째. '다른 사람의 시간'을 돈으로 사서 책을 읽자
나의 전문 분야는 살림과 육아가 아니다. 나의 전문 분야는 내가 일하는 직장이다. 그러니 나와 남편이 하기 어려운 살림과 육아는 전문가에게 아웃소싱을 주자. 일을 계속하기 위해서라도 내 분야에서 전문가가 되어야 하니, 돈을 주고 산 그 시간에 내 몸값을 높일 독서를 하자. 나는 주 1회 4시간 가사 도우미를 부르고, 그 시간을 책 읽는 시간으로 만들었다. 그렇게 독서를 한 덕분에 나는 전문가가 되었고 결과적으로 네 개의 직업도 갖게 되었다.

두 번째. '일하는 시간'에 틈새 독서를 하자

직장에 다니는 장점을 100% 활용하자. 출퇴근 시간과 쉬는 시간을 틈새 독서 시간으로 만들면 직장인 누구나 하루에 2시간 독서를 할 수 있다. 출퇴근길 15분, 업무 전 30분, 점심시간 45분, 퇴근 전 30분만 책을 읽어도 하루 2시간 정도의 틈새 독서를 할 수 있다. 상황에 따라 일하는 시간에도 업무에 필요한 전공 독서를 할 수 있다. 업무에 직접 관련 있는 책이라면 업무 시간에 업무로 읽어도 된다. 외근이나 출장시간에도 독서 시간은 만들 수 있다.

세 번째. '나만의 집중 독서 시간'을 확보하자

저녁과 주말에 집중 독서 시간을 만들어 틈새 독서로 채워지지 않던 독서 갈증을 집중 독서 시간으로 채우자. 독서 휴가를 위해 연차 휴가를 사용하자. 혼자 책 읽기에서, 함께 읽고 나누는 독서토론으로 독서를 다양화하자. 사람들과의 토론을 통해서만 채울 수 있는 독서의 힘이 있다.

네 번째. '가족 독서 시간'을 만들자

그동안 혼자 책을 읽는 엄마였다면, 온 가족이 함께 책을 읽어 책을 읽지 않는 사람이 오히려 이상하게 느껴지도록 만들자. 거실에 소파와 텔레비전을 치우고 그 자리에 탁자와 의자, 책장을 놓아서 함께 책 읽는 가족문화를 만들자. 각자 책 읽는 시간과 함께 책을 읽고 대화를 하고, 책 놀이와 독서토론을 하는 가족 문화를 만들자.

나는 하루 한 권 책 읽기를 7년째 하고 있다. 물론 직장도 다니고, 아이도 키우고, 책도 쓰고, 연간 100회 이상 강연도 다니면서 말이다.

일하는 엄마의 독서 시간은 저절로 생기지 않는다. 지금부터 여러분이 독서를 시작하면 아이, 남편, 직장동료, 친구 등 주변 사람 모두 방해하지 못해 안달이 난 것처럼, 독서를 방해할 것이다. 하지만, 그럼에도 불구하고 여러분이 독서를 지속한다면, 당신도 곧 나처럼 될 수 있다.

나는 독서를 통해, 연봉 1억을 달성했다.
나는 독서를 통해, 4개의 직업을 갖게 되었다.
나는 독서를 통해, 삶의 의욕을 되찾았다.

나는 독서를 통해, 퍼스널 브랜딩하였다.

나는 독서를 통해, 남편과 시어머니와의 갈등을 해결했다.

나는 독서를 통해, 다른 사람을 돕고 있다.

나는 독서를 통해, 날마다 더 좋은 사람이 되어가고 있다.

[차례]

1부

일하는 엄마에게 독서는 가장 강력한 무기다

나는 독서로 '4개의 직업'을 갖게 되었다
독서 솔루션 3 ● 덩어리 시간을 이용해 집중 독서하기

5부

엄마의 독서가 가족을 키운다

가족 독서 시간 만드는 법

기 적 을 만 드 는 엄 마 의 책 공 부

1부

일하는 엄마에게 독서는 가장 강력한 무기다

일하는 엄마의 책 읽는 시간은 누구도 만들어 주지 않는다. 나 역시 처음에는 남편과 아이가 잠이 들었을 때야 비로소 책을 읽을 수 있었다. 그렇게 한 틈새 독서로 하루 한권 책 읽기를 시작했고, 그렇게 한 독서 덕분에 사회복지사, 작가, 감사, 독서토론자로 4개의 직업을 갖게 되었다.

#1
책을 읽으니
밥도 나오고
떡도 나오더라

책 읽는 여자는 위험하다

여자의 책 읽기를 제한하는 역사는 오래되었다. 여자의 지적 호기심은 그 자체로 비난을 받았다. 그 이유가 우습다. 인류의 원죄가 이브의 호기심에서 시작되었기 때문에 지적 호기심과 지적 능력의 표상인 책을, 여자가 읽는 것은 금기되어야 한다나?

계몽주의 도덕주의자들은 독서는 현실감을 잃게 하고 여자의 의무를 망각하게 하기 때문에 남편과 아버지는 그런 위험을 감지하고 예방할 의무가 있다며 여자의 책 읽기를 비난하였다. 여자가 읽을 수 있는 책은 오직 성서와 종교 서적일 뿐이었다. 그 당시 엄격한 가장의 눈을 피해 여자들이 책을 읽을 수 있었던 곳은 침실뿐이었다고 하니 예나 지금이나 여자의 독서는 쉬운 일이 아니다.

17세기의 페미니스트 작가이자 철학자인 마가렛 카벤디쉬^{Margaret Cavendish}는 "여성은 박쥐와 올빼미처럼 장님으로 살고 짐승처럼 노동하며 벌레처럼 죽는다"라고 말했다. 많은 부분 개선되었지만 지금도 엄마들은 가족들이 자는 밤이나 새벽, 가족들 몰래, 아침에 일찍 일어나서 책을 읽는다. 영국의 경제학자 존 스튜어트 밀^{John Stuart Mill}의 《자유론》을 보면 우리에게는 무엇을 할 수 있는 자유도 있고, 무엇을 하지 않을 자유도 있다고 얘기한다. 그런데 왜 독서를 할 자유를 누리지 못할까? 다른 사람에게 피해를 주지 않는다면 사람은 누구나 자유롭게, 다르게 살아갈 수 있다는 것이 《자유론》에서 말하는 자유인데 말이다.

남성이 우월하기를 바라는 뿌리 깊은 욕망?

버지니아 울프는 《자기만의 방》에서 남성들은 여성보다 우월하기를 바라는 뿌리 깊은 욕망이 있다고 말했는데, 나도 남편에게 그런 느낌을 받은 적이 두 번 있었다. 내가 처음 책을 읽기 시작하자 텔레비전을 보던 남편이 괜스레 나와 "네가 책을 읽는다고 달라지는 것도 없는

데 돈 아깝게 왜 사서 읽냐?"고 말했을 때와 1천 권쯤 읽고 나서 책을 쓰겠다고 하자 "책 좀 읽었다고 다 작가가 되는 줄 아냐?"라고 말했을 때였다. 나라면 남편이 책을 읽는다고 하면 책 살 돈을 줄 것 같고, 남편이 책을 쓰겠다고 하면 격려해줄 것 같은데, 왜 남편은 아내인 나의 독서를 방해하지 못해서 안달인 걸까?

물론 지금은 남편의 코를 납작하게 해준 상태다. 책을 읽고 강사로 일하게 된 후 강사료를 받고 나서 남편에게 "책 읽었더니 밥도 나오고 떡도 나오네?"라고 큰소리를 쳤고, 새벽마다 일어나 집필한 원고로 출간 계약서를 받았을 때는 "책 좀 읽었더니 책을 썼네. 내 책 나온다. 나 이제 작가야"라고 큰소리를 쳤다.

비단 독서뿐만 아니다. 어떤 일을 할 때 남자는 여자에게 '통보'하고, 여자는 남자에게 '허락'을 구하는 경우를 많이 본다. 그럴 때 나는 "왜?"라고 물어보고 싶다.

시간 빈곤자들

일하는 엄마의 독서에서 가장 큰 어려움은 바로 '시간'이다. 직장인, 엄마, 아내, 며느리, 딸로 살다 보니 책 한 페이지 넘길 시간이 없다. 시간 빈곤이란 미국 레비경제연구소가 제시한 개념으로 수면+식사+세면+휴식 등의 개인 돌봄에 주당 97시간 이하를 쓰는 경우를 말한다. 1주일은 168시간이다. 168시간에서 근무와 출퇴근, 양육, 살림에 쓰는 시간을 빼보면 간단히 산출할 수 있다.

5년 전 독박육아를 할 때는 일주일 168시간에서 근무 50시간, 출퇴근 2시간, 살림과 육아에 50시간을 사용했더니 개인 돌봄 시간으로 66시간이 남았다. 그 당시 남편도 근무 55시간, 출퇴근 15시간, 살림과 육아에 8시간을 사용해 개인 돌봄 시간이 90시간 정도였다. 둘 다 심각한 시간 빈곤에 시달렸던 것이다.

현재 나는 양육 및 살림 시간을 50시간에서 14시간으로 줄여 102시간을 개인 돌봄 시간으로 확보해서 사용 중이다. 남편 역시 근무시간과 출퇴근 시간, 양육 및 살림 시간을 줄여 개인 돌봄 시간을 늘렸다.

한국 전체 노동자의 52%가 시간 빈곤 상태인데, 이중 남성은 420만 명, 여성은 510만 명으로 여성이 더 많다고 한다. 원인은 불평등한 가사노동 때문이다.

이진경 작가의 《삶을 위한 철학수업》에 보면 이런 구절이 있다.

자본주의와 부에 대해 속속들이 연구했던 마르크스는 이런 '경제적 부' 개념과 대비하여 '실질적인 부'란 필요노동시간 이외의 가처분 시간이라고 정의한 바 있다. 쉽게 말하면, 돈을 버는데 투여

되는 시간이 아니라 자기가 하고 싶은 것을 하는데 사용할 수 있는 시간이 '부'라는 것이고, 그런 시간이 많은 이들이 '부유한 자'라는 것이다.

하루 한 권 책 읽기를 하는 나는 이런 의미에서 부유한 사람이다. 그렇다면 일하는 엄마는 어떻게 '지속적이고 방해받지 않는 독서 시간'을 만들 수 있을까? 지금부터 차근차근 내가 실천했던 방법을 자세하게 말하고자 한다.

#2

몰래한

독서가

나를 살렸다

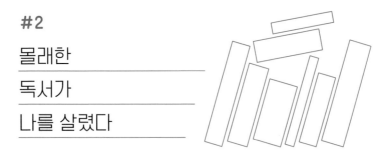

가사 노동자로 취업

나는 직장생활 5년 차일 때 결혼을 했다. 그 당시 대부분의 여자들이 그랬던 것처럼 결혼과 동시에 모든 집안일이 내 몫이 되었다. 회사에서 퇴근해서 집으로 출근하는 나날이 이어졌다. 마치 가사 노동자로 이중 취업을 한 것 같았다. 최근엔 여성의 권익이 많이 신장했다고 말한다. 여자들도 대학을 가고, 직장을 다니니, 세상 좋아졌다고 한다. 나는 외동딸로 자랐다. 중·고등학교 모두 여학교를 다녔고, 여자들이 많은 직장을 다녀서 성차별을 경험해본 적이 별로 없었다. 그런데 결혼을 하자마자 엄청난 성차별과 맞닥뜨려졌다. 세상 좋아졌다고? 여성의 권익이 신장했다고? 적어도 그건 대학 때까지만 통하는 이야기다. 대부분의 여성은 취업하고, 결혼을 하는 순간 엄청난 성차별을 경험한다.

출산 및 육아와 살림의 고단함

2014년 한국보건사회연구원의 발표에 따르면 맞벌이 부부 기준으로 아내가 남편보다 가사 노동을 하는 시간이 7.4배 많은 것으로 나타났다. 육아시간도 아내가 남편의 3.5배로 길었다. 남성 외벌이의 경우 남성이 하는 살림과 육아시간은 상대적으로 짧았지만, 여성 외벌이의 경우엔 살림과 육아시간이 남성과 비슷하거나 더 많은 경향을 보였다. 왜 여자들은 이렇게 독박 육아와 독박 살림을 하는 것일까?

우리 남편 역시 결혼 후 가족 구성원으로 하는 일이 거의 없었다. 돈을 벌어오지 않냐고? 흥. 돈은 나도 번다. 그런데 왜 나는 돈도 벌고 애도 봐야 하고 집안일도 다 해야 하는 거지? 나는 왜 이 사람과 살아야 하는 거지? 나는 이 남자의 엄마 대신 밥과 청소를 해주려고 결혼을 한 것인가? 이 사람과 내가 부부로서 무슨 유대가 있고 무슨 의미가 있어서 내가 이러고 있는 것일까? 나의 감정은 아이들의 컨디션과 집안일의 양에 따라, 남편의 퇴근 시간에 따라 오르락내리락했다. 왜 나는 그렇게 좋아하던 책 읽기조차 시간이 없어 못 하는 것일까? 회사에서 일하고, 집에서도 일하고 숨을 쉴 시간이 없을 정도로 사는 데, 좋아하는 책 한 장 펼칠 시간이 없다니. 책 앞에 앉자마자 아이들이 나를 찾았다. 책을 펼쳐도 집중이 안 됐다. 나 왜 이렇게 된 거지?

어릴 때부터 책 읽기를 좋아했다. 초등학교 1학년 때 교통사고로 병원에 있는 한 달 동안 900권의 어린이 책을 읽었을 정도였다. 그게 습관이 되어서, 중·고등학교때에도 매일 학교에서 책을 읽었다. 대학교에 가서는 도서관에서 아르바이트하면서 책을 읽었다. 취업해서도 독서를 권하는 회사 분위기에 따라 매월 1, 2권 이상 꼬박꼬박 읽었다. 업무에 욕심이 있어서 자기계발을 게을리 하지도 않았다. 남들이 하지 않는 일까지 찾아서 하는 바람에 가장 부지런한 직원으로 인정받고 가장 빠른 연차에 승진한 팀장이었다.

그런데 결혼 후에는 왜 이렇게 된 것일까?
왜 집에서도 시가에도 죄인이 되는가?
왜 책을 펼치면서 남편의 눈치를 봐야 하는가?

삶에 회의감이 들었다. 내가 선택한 결혼과 출산의 대가가 이런 것이라니.

책 읽는 시간은 몰래 독서뿐

급기야 둘째가 태어난 후 불면증이 왔다. 잠이 안 와서, 밤새 텔레비전을 틀어놓고 의미 없이 채널을 돌렸다. 남편이 힘들면 일하지 말고 집에서 애나 보라고 했다. 친정엄마도 시어머니도 "아이가 어릴 때는 당연히 엄마가 봐야지"라고 했다. 그런데 나는 그러고 싶지 않았다. 나에게는 내 일이 정말 소중했으니까.

그렇게 1년 즈음 살다 우연히 책을 통해 인생이 바뀌었다는 강연을 듣고 나도 그렇게 해보자 결심을 했다. 답답한 마음에 술도 먹어보고, 등산도 해보고, 마라톤도 해보았지만 혼탁한 머릿속이 맑아지지 않아 괴롭던 나날이었다. 어떻게든 이 상황을 벗어나야 한다는 생각만 가득했다. 그때 그 강연을 들었고 무언가 혁신이 필요했던 나에겐 뻔하더라도 일단 시작해 봐야겠다는 생각이 들었던 것이다.

자신을 극한으로 몰기 위해 처음부터 하루 한 권 책을 읽기로 했다. 그만큼 절실하기도 했지만, 어차피 불면증인데 밤에 책이나 보자는 생각도 있었다. 아이들을 재워놓고 매일 저녁 책을 읽기 시작했다. 불면증이 좋은 점도 있구나. 처음 알았다. 그렇게 나만의 독서가 시작되었다.

잠이 오지 않는 밤, 아무도 없는 고독 속에서 나는 책을 붙잡았다. 하루 한 권 책을 읽으며 나는 침잠했다. 일과 가사로 피폐해진 몸과 마음이 바닥도 없이 계속 뚝뚝 떨어지다가, 책을 읽는 순간만큼은 슬로우비디오처럼 천천히 떠오르기 시작했다. 매일 밤마다 책으로 정신을 붙잡았다. 그렇게 시간이 흘러갔다.

힘든 육아를 잘하기 위해 자녀교육에 대한 책을 읽고, 남편과 시어머니를 이해하기 위해 심리학책을 읽었다. 고부갈등 책을 읽었다. 부부관계 책을 읽었다. 직장인의 전문성에 대한 책을 읽었다. 인생을 알기 위해 철학책과 문학책을 읽었다. 그렇게 하루 한 권씩 책을 읽으면서 '나에게 일과 삶이 어떤 의미인가' 다시 생각해볼 시간을 갖게 되었다. 그렇게 가족들이 잘 때 몰래 한 독서가 나를 살리는 독서가 되어갔다. 그렇게 조금씩 나는 다시 살아나고 있었다.

#3
남편에게 돈으로
시간을 사겠다고
선언하다

프로메테우스가 된 일하는 엄마

첫째를 낳고 혼자 육아와 살림을 하면서 극도의 피로감을 느꼈다. 아이와 주변 사람들에게 무관심해지고, 귀찮아졌다. 영혼 없이 육체만 떠돌아다니며 집에서는 아이 기저귀를 갈고, 밥을 먹이고, 재우고, 회사에서는 컴퓨터로 문서를 작성하고, 회의를 들어갔다 나왔다 할 뿐이었다.

아이의 성장하는 모습도 별로 기쁨이 되지 못했다. 스스로를 모성이 없는 나쁜 엄마, 나쁜 아내, 나쁜 며느리, 나쁜 직장인이라는 생각을 하며 미워하고 자학했다. 다른 엄마들은 아이가 너무 예쁘다고 하는데 나는 예쁘지 않았다. 아이들이 크는 게 신기하다고 하는데 내 눈에는 그날이 그날이었다. 다른 엄마들은 아이들에게 정성껏 말도 걸고 책도 읽어주고 마사지도 해주고 하는데 나는 그럴 에너지가 없었다. 최소한의 할 일. 기저귀 갈고, 먹이고, 재우고, 울면 달래주는 것으로 나의 역할은 끝이었다. 그 당시엔 모든 것에 화가 났다. 특히 자신에게 가장 많이 화가 났다.

일하는 엄마의 삶은 프로메테우스 같다. 불을 훔쳐 인간에게 줬다는 죄로 매일 바위에 묶인 채 독수리에게 심장을 쪼여 아물지 않는 상처를 지닌 프로메테우스. 결혼을 하고 출산을 했다는 죄로 매일 직장과 살림과 육아로 쳇바퀴 돌며 회복되지 않는 몸과 마음을 갖는 일하는 엄마. 다를 바가 없지 않는가.

틈새 독서의 시작

하루 한 권 책 읽기를 한지 100일 정도 지나자 일과 아이, 남편, 시가, 친정의 고민이 사그라지면서 마음이 점점 편안해지기 시작했다.

마음이 편안해지자 불면증이 없어지고 잠을 잘 수 있게 되었다. 무려 1년만의 일이다. 하지만 아이들을 재우면서 나도 같이 자게 되자,

밤 독서를 못하게 되었다. 책을 읽지 못하는 날들이 이어지자 다시 마음속이 불안해지기 시작했다. 책을 읽으며 마음속에 변화가 생겼고, 그 변화를 스스로 알아챘기 때문에 독서를 계속해야겠다는 욕구가 더욱 커졌다.

일하는 엄마들이 책을 읽을 때 많이 쓰는 방법 중 하나가 아침에 일찍 일어나기다. 나 역시 아침잠이 많아 힘들었지만, 그때 말고는 책을 읽을 시간이 없기에 평소보다 1시간씩 일찍 일어나서 책을 읽었다. 독서를 최대한 많이 하기 위해, 아침밥은 한 그릇 음식으로 간단히 차리고 일찍 출근했다. 회사에 30분 일찍 가서 책을 읽고, 점심시간에도 15분 동안 구내식당에서 밥을 먹고, 45분 동안 책을 읽었다. 업무가 끝나면 컴퓨터를 끄고 30분 더 책을 읽은 후 퇴근했다.

남편에게 선언함

퇴근하고 집에 와서 아이들 저녁을 차려주고 아침에 못한 집안일을 해야 하는데 너무 힘들었다. 그래서 남편에게 주 2회 설거지와 아이들 재우기를 시켰다. 남편의 불만이 높았고, 시킬 때마다 잔소리해야 했지만 어쨌든 남편이 맡아준 덕에 1시간이라도 책을 읽는 시간이 생겼다.

남편이 자꾸 설거지를 할 때마다 입이 나오길래 "당신이 설거지를 안 하니 가사 도우미를 부르겠다"고 했다. 남편이 어이없어했다. 우리 집에 가사 도우미가 왜 필요하냐다. "설거지, 빨래, 옷 개기, 화장실 청소, 장난감 정리, 당신 방 정리, 베란다 정리, 음식물 쓰레기 버리기, 분리수거, 청소, 요리, 신발장 정리, 냉장고 정리 때문에 필요하다"라고 대답했다.

덧붙여서 "이 중에 당신이 하는 건 설거지랑 분리수거 밖에 없잖아. 나는 지난 5년 동안 이걸 혼자 다 했는데 당신은 설거지 하나도 안 하니 나도 더이상 못 하겠어. 당신에게 잔소리하기도 싫다"라고 말했다.

그리고 남편에게 선언했다. "당신, 앞으로 주 2회 설거지랑 주 1회 음식물 쓰레기 버리는 것도 하지 마. 가사 도우미 4시간에 5만 원이래. 가사 도우미 부를 거니까 아무 소리 하지마"라고 말하고 남편의 반대에도 불구하고 매주 한 번씩 가사 도우미를 불렀다.

가사 도우미가 와 있는 시간 동안, 남편에게는 혼자 나가서 사우나를 하든지 운동을 하든지 알아서 하라고 하고, 나는 아이들을 데리고 놀이터에 가서 책을 읽었다.

남편은 자유시간이 생기고 설거지를 안 해도 되니 좋고, 아이들은 주중에 같이 있기 힘든 엄마가 4시간 동안 자기들과 놀아주니 좋아했다. 나도 아이들과 놀이터에 있다가 집에 들어가면 설거지, 청소, 빨래, 화장실 청소까지 다 되어있으니 그렇게 기분이 좋을 수가 없다.

가사 도우미가 와준 4시간 동안 나는 일에서 전문가가 되는 데 필요한 책을 읽었다. 덕분에 몸값이 전보다 훨씬 올랐다.

처음 회사에 들어갔을 때 최저임금을 받았었다. 지금으로 환산하면 시간당 8천 원, 4시간에 3만 2천 원이다. 가사 도우미가 4시간에 5만원인데, 내가 아직도 최저임금을 받고 있다면 내 성격에 가사 도우미를 부르지는 못했을 것이다. 하지만 돈을 주고 산 그 시간에 하루 한 권 책 읽기를 했고, 《1천 권 독서법》 작가가 된 후 1시간 강연만으로도 가사 도우미에게 드리는 비용보다 몇 배나 많은 돈을 번다. 꿩 먹고 알 먹고란 말은 이럴 때 사용하는 말이 아닐까.

#4

남편 퇴사로
얻은 책 읽는
저녁

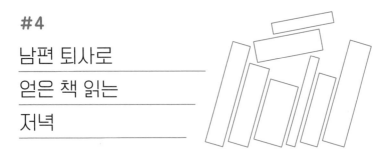

하루 두 번 출근하는 여자

하루에 두 번 출근한 날들이 많았다. 회사에서 저녁 6시에 퇴근해 아이들을 돌보다 남편이 밤 10시에 집으로 오면 다시 회사에 출근해서 새벽 2, 3시까지 일하다 다시 집으로 오는 것이다. 남편이 더 늦게 퇴근해 오는 날이면 아이들이랑 잠이 들었다가 새벽 5시에 다시 회사에 출근했다가 아침 7시에 다시 집으로 돌아와 아이들을 챙긴 후 다시 출근한 적도 많았다.

아무튼 나는 매일 정시에 퇴근을 했다. 새벽 5시에 출근하더라도,

늦은 밤 다시 출근해서 나머지 일을 하더라도, 일을 싸 들고 집에 와서 근무하더라도 무조건 저녁 6시에는 퇴근해야 했다. 육아를 혼자 해야 했기 때문이다. 남편의 일은 매일 밤 늦게 퇴근해야 하는 일이었고, 시부모님과는 이미 틀어질 대로 틀어진 상태였다. 설상가상으로 친정 부모님은 건강이 좋지 않았다. 비빌 언덕이 없으니 매일 정시에 퇴근해서 혼자 육아를 할 수밖에 없었다.

부부 워라밸로 독서하는 저녁 만들기

책 읽는 저녁을 만들고 싶었다. 하지만 남편 회사가 문제였다. 그러던 어느 날 남편이 다니던 회사의 사장과 문제가 생겨 갑자기 퇴사를 하게 됐다. 겉으로는 걱정하는 척 했지만 속으로는 좋았다. '아! 남편의 퇴사라는 방법도 있었구나. 왜 그 생각을 못 했지?'라고 생각한 것이다. 그래서 남편이 이틀 동안 잠도 못 자고 끙끙 앓으면서 고민할 때 "잘 됐어. 남편. 일 그만두고 좀 쉬어. 매일 쉬지 않고 아침 7시부터 밤 10시까지 10년 동안 일했으면 쉴 때도 됐어. 이참에 몇 달 푹 쉬어"라고 말하고, 내친김에 "그리고 나는 당신이 전업 아빠로 집에서 아이들을 돌봐주는 것도 좋아. 우리 아이들도 매일 어린이집에서 늦게까지 남아있느라 힘들텐데 일찍 데리고 오면 좋아할 거야"라고 말했다.

갑자기 닥친 남편의 퇴사 덕분에 나의 삶은 나아졌다. 남편이 매일 아침저녁으로 아이들을 돌봐주니 날아갈 것 같았다.

나중에 남편에게 들으니, 본인은 회사를 다니지 않으면 우리 식구를 어떻게 먹여 살리나, 아내에게 뭐라고 말해야 하나 고민을 많이 했다고 했다. 그런데 내가 쿨하게 퇴사하라고 해서 깜짝 놀랐고, 처음으로 아내가 돈을 벌어서 다행이라는 생각을 했다고 한다. 또한 자신을 믿어준다는 생각이 들어서 마음이 편안해졌다고.

아쉽게도 남편은 퇴사 후 바로 창업을 해버렸다. 지금은 개인 사업을 하면서 집 근처로 사무실을 임대해 아침 9시 출근, 저녁 6시 퇴근을 하고 있다. 남편이 안정적인 출퇴근을 하니, 우리 가족 모두 저녁이 있는 삶을 살게 되었다. 요즘 자영업자가 얼마나 어려운지 다들 체감을 할 것이다. 전처럼 고정적인 월급을 받는 것은 아니지만 조금밖에 벌지 않아도 아침 9시 출근, 저녁 6시 퇴근할 수 있는 삶이 좋다.

모든 것은 나로부터 비롯되었다

일련의 일들을 겪으면서 여러 가지 생각이 들었다.

• 나에게 일은 어떤 의미인가?

- 결혼하고 출산을 하는 것은 어떤 의미인가?
- 정말 내가 원하는 것은 무엇인가?

생각 끝에, 나의 결혼은 그 목적부터 틀렸다는 것을 깨달았다. 남편을 사랑해서 결혼했지만, 그것보다는 친정에서 독립하기 위해서 결혼을 했다. 외동딸로 자라면서 외로움을 느꼈기에 아이를 많이 낳고 싶어 두 명의 아이를 낳았다. 그러니까 모든 것은 나로부터 비롯된 것이다.

육아와 살림의 독박도 내가 자초한 일이다. 처음부터 육아와 살림을 분담할 것을 남편에게 당당하게 요구했다면 상황이 달랐을지도 모른다. 나는 막연히 혼자 해야 한다고 생각했다. 그러지 말아야 했다. 남편에게 얼마나 힘든지 말하고, 자유와 휴식을 요청해야 했다.

밤 10시에 퇴근해서 12시가 넘도록 텔레비전을 보는 남편에게 설거지라도 하라고 강하게 요구했어야 했다. 남편을 배려한다고 나 혼자 애들을 재울 것이 아니라, 남편도 동참하도록 얘기했어야 했다. 일찍 출근하고 늦게 퇴근하느라 육아에 함께 하지 못한다면 남편에게 회사를 옮기는 것까지도 단호하게 요구했어야 했다. 직장을 옮기면 월급도 줄고 남편의 경력에도 부정적인 변화가 있을 수 있지만, 평생을 함께 살아야 할 아내를 위해 그렇게 하자고 남편에게 당당하게 요구했어야 했다.

시가와 친정의 간섭도 내가 단호히 대처하지 않았기 때문에 생긴 일이다. 도움을 받지 않고, 자율성을 추구했으면 서로 마음이 상하지 않았을 수도 있었다.

책을 읽고 싶다면, 책 읽는 시간만큼은 아무도 건들지 않도록 요구했어야 했다. 가족들 몰래 책을 읽을 것이 아니었다.

이렇게 모든 것이 다 내 탓이라고 생각하니 마음이 편해졌다. 왜냐하면 지금부터 나만 바뀌면 이 상황을 다 바꿀 수 있기 때문이다.

내가 지금 진짜 힘든 이유는 무엇일까?

• 결혼해서 힘든 것인가? 결혼하지 않았으면 힘들지 않았을까?
• 출산해서 힘든 것인가? 출산하지 않았으면 힘들지 않았을까?
• 일해서 힘든 것일까? 일하지 않았으면 힘들지 않았을까?

나는 결혼을 통해 답답한 친정에서 벗어나 자유로움을 느꼈다. 처음으로 나의 편이 생겼다는 만족감도 느꼈다. 나를 온전히 신뢰해 주는 아이들을 보며 감동을 느꼈다.

결혼하기 전의 나는 목표가 생기면 무조건 달성하는 사람이었다. 회사에서도 목표를 위해 야근과 휴일근무를 밥 먹듯 했다. 대학을 다니는 4년 내내 스스로 등록금을 벌어 다녔기 때문에 집이 가난하다고 부모를 원망하는 사람을 이해하지 못했다. 그래서 결혼을 해도, 출산을 해도 모두 다 잘 해낼 것으로 생각했다. 하지만 그렇게 하지 못했다. 결혼을 한다는 것이 남편의 가족까지 부모가 두 배로 늘고, 친척도 두 배로 늘어난다는 것을 몰랐기 때문이다. 출산을 한다는 것이 24시간 전담 케어를 해야 하는 돌봄 노동자가 되어야 한다는 것을 몰랐기 때문이다.

그전에는 우울증에 걸린 사람들을 이해하지 못했다. 죽을 만큼 힘들다는 것이 어떤 것인지를 이해하지 못했다. 그러나 지금은 우울증에 걸린 사람을 절절하게 이해한다. 내가 지금 할 수 있는 것이 '아무것도 없다'라는 것이 무엇인지, 죽을 만큼 힘들다는 것이 무엇인지 100% 아니 10,000% 이해한다. 우울증에 걸린 일하는 엄마가 바로 나였기 때문이다.

여기까지가 지금부터 7년 전, 내가 살기 위해 매일 책 읽는 시간을 갖게 된 이야기이다. 컨테이너에서 살다가 젊은 나이에 어엿한 기업가가 된 아이엘사이언스 송성근 대표는 "내가 가진 가장 큰, 에너지는 바로 간절함이다"라고 했다. 나 역시 죽을 것 같은 간절함으로 독서를 시작했다. 그리고 지금은 독서가 나를 새로운 길로 인도하고 있다.

#5
50점 직장인 +
50점 엄마 +
0점 며느리 + 0점 딸

50점 직장인 + 50점 엄마 = 100점 일하는 엄마

회사에서도 집에서도 쉼 없이 일하면서 우울증까지 온 이유는 슈퍼우먼처럼 모든 것을 완벽하게 해내야 한다고 생각했기 때문이다. 어느 순간부터 하나씩 포기하니 숨통이 트였다. 그러려면 무엇에 더 집중할 것인지 선택해야 한다. 직장인으로 100점, 엄마로서 100점, 며느리로서 100점, 딸로서 100점 합이 400점짜리 전안나가 될 수는 없다. 그래서 나는 50점짜리 직장인 + 50점짜리 엄마 + 0점짜리 며느리 + 0점짜리 딸 합쳐서 100점짜리 전안나가 되기로 했다.

회사에서는 맡겨진 일에서 성과를 내되, 정시에 퇴근하는 직장인이 되기로 했다. 야근 수당을 주지 않는, 시간 외 근무는 하지 않기로 했다. 효도는 남편과 각자 셀프로 하기로 했다. 명절이나 부모님 생신 등 가족행사에 참석은 하되, 1박 2일 이내에서 끝내기로 했다. 시가와 친정은 평생 봐야 하는 손님이라 생각하고 무리한 요구에는 선을 긋기로 했다. 시가와 친정에게 사랑받기를 포기하니 편해졌다.

나를 용서하자, 나를 사랑하자

다른 사람에게 사랑받기를 포기하면서 가장 먼저 한 일은 나를 용서하는 것이었다. 내가 왜 그렇게 다른 사람에게 인정받고 싶어 했는지를 생각해보니, 타인의 인정을 통해서 채워지지 않은 심리적인 욕구를 충족하려 했었다는 것을 깨달았다. 돌아보니 내가 제일 미워했던 것은 바로 자신이었다. 나에게 상처 준 사람을 미워한 것보다 더 많이 스스로를 미워하고 있었다.

영화 〈굿 윌 헌팅〉을 보고 나서 한동안 책상 앞에 '굿 윌 안나'라고 써 놓고 매일 매일 읽었다. 우리는 항상 자기 자신과 대화를 한다. 심리학에서는 그것을 자기와의 대화(self-communing)라고 부른다. 그런데 나는 그동안 자기와의 대화를 부정적으로만 했다. 잘못한 것, 부족한 것을 끊임없이 되새기며 자신을 괴롭혔다. 그래서 다른 사람들의 인정과 사랑이 간절히 필요했던 것이다.

50점짜리 직장인, 50점짜리 엄마로 정한 요즘은 자신과 대화할 때 계속 칭찬하려고 한다. "오늘도 고생했다. 이 정도만 해도 잘한 거야"

아무 행동을 하지 않아도 100명 중 30명은 나를 좋아하고 30명은 싫어하고 나머지 40명은 관심도 없다고 한다. 누군가 나를 좋아하든, 싫어하든 그것은 내 탓이 아니다. 그 사람들의 선택이다. 어차피 모두에게 사랑받기란 불가능하다. 그러니 자신을 아끼고 사랑하자.

소확행은 소소하지만, 확실한 행복을 말한다. 무엇이 나를 행복하게 할까? 철학자 니체는 '인간은 행복조차 배워야 하는 존재'라고 했다.

나의 소소하고 확실한 행복은 자기계발이다. 매일 책을 읽고, 배우러 다니는 것이 행복이다. 지금도 매일 영어 공부를 하고, 하루 3시간 책을 읽고, 월 2회 독서토론 모임을 진행하고 있다. 내가 일하며 버는 돈으로 원하는 것을 배울 수 있고, 다른 사람에게 도움을 줄 수 있다는 것이 행복하다.

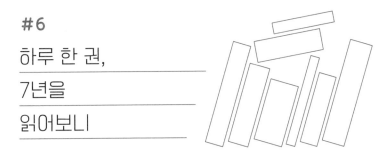

#6
하루 한 권,
7년을
읽어보니

하루 한 권 책 읽기를 한다고 하면, 사람들은 그것이 나에게 어떤 변화를 주었는지를 가장 궁금해한다. 그래서 다른 사람의 이야기는 다 빼고 내가 경험한 변화만 몇 가지 말하려 한다.

첫 번째 ▶ 마음의 변화

독서는 심리 치료 효과가 있다. 실제로 '독서 치료'라는 분야도 있는데 문학 작품을 읽고 활용함으로써 내담자의 정신건강에 도움을 주는 것으로 아주 오래 전부터 시행되었다고 한다.

일반적으로 사람들이 책을 고를 때는 자신의 마음이 반영된 책들을 선택하게 된다. 나도 처음에는 육아와 살림을 혼자 해야 한다는 억울함, 남편에 대한 미움, 시어머니에 대한 분노, 친정 부모님에 대한 정리되지 않는 감정들 때문에 심리학, 가족관계, 자녀 교육, 고부갈등 등에 대한 책들만 집중적으로 읽었다. 그런 책에서 동질감을 느끼기도 했고, 나와 다른 사람들을 보면서 부러워하기도 하면서 몇 달을 보냈다. 그렇게 하다 보니 회의감이 줄어들고, 의욕도 생겼다. 미워했던 남편과 시어머니, 친정 부모를 이해하고 용서하게 되었다. 무엇보다 어떻게 문제를 해결해 나가야 하는지 통찰력을 얻게 되었다.

두 번째 ▶ 스펙의 변화

그동안에는 책 읽기가 스펙이 될 수 있다는 생각을 해본 적이 없었는데 독서의 양과 질이 쌓이니 스펙이 될 수 있겠구나 느껴졌다. 나를 모르는 사람들 앞에서 자기소개할 때 "저는 7년째 하루 한 권 책 읽기를 하는 전안나입니다"라고 하는데, 다른 어떤 스펙보다 강력한 자기소개가 되었다. 대학원 면접 때도, 장학생을 선정하는 자리에서도, 직장에서도 이렇게 소개를 하니, 자연스럽게 자기관리를 잘하는 사람,

자기계발을 열심히 하는 사람, 공부를 열심히 하는 사람으로 보이게 됐다. 책을 계속 읽다 보니 더 잘 읽고, 다양하게 읽고 싶어서 '독서 지도사', '독서토론 지도사', '독서토론 리더 과정' 등을 배우게 되었다. 자격증도 취득하고, 경력도 쌓게 되면서 쌓은 경력을 독서 강연으로 연결하니 강연자로서의 스펙도 자연스럽게 쌓아지고 있다. 요즘 직장인들 사이에서 유행하는 두 가지 스펙 쌓기가 바로 책 쓰기와 강연이다. 책 쓰기와 강연은 책을 읽지 않고는 할 수 없다. 직장인 스펙의 첫걸음은 바로 독서이다.

세 번째 〉 생각의 변화

하루 한 권 책 읽기 7년 차로 그동안 1천 7백여 권의 책을 읽으면서 가장 크게 바뀐 것은 '생각'이었다.

300여 권을 읽은 시점부터 생각이 변하고 있다는 것을 느꼈다. 다양한 분야의 책을 읽으니 자연스럽게 복합적인 생각을 할 수 있게 되고 사고의 폭과 깊이가 그 전과 달라지는 느낌이 들었다. 타인의 말에 끌려다니는 삶이 아니라 스스로 삶의 방향의 키를 잡고 진짜 원하는 것이 무엇인지, 삶의 우선순위에 무엇을 둬야 하는지를 고민하기 시작했다. 지적 호기심은 자꾸만 커져서 더욱더 많은 책을 읽고 공부하게 만들었다.

이러한 변화는 한 두 권의 책으로 오는 것이 아니다. 독서의 양이 쌓이고 질이 쌓이면 임계점을 맞는 순간이 반드시 온다. 재미있는 것은 이런 변화를 혼자만 느끼는 것은 아니라는 것이다. 점점 주변 사람들도 '너 뭔가 변한 것 같아'라는 말을 하기 시작했다.

네 번째 ▶ 행동의 변화

책을 읽을 때는 머리-가슴-발로 읽어야 한다. '한 권을 읽으면, 한 가지를 깨닫고, 한 가지를 실천한다'는 목표를 세우고 이것을 최대한 실천하고자 노력한다. 그러다 보니 어느새 적극적인 행동가로 변하게 되었다. 나의 실천은 사실 아주 특별한 실천은 아니다. 책을 읽고 다른 사람에게 소개하는 실천도 하고, 같은 주제의 책을 연달아 읽기도 한다. 독서토론 모임을 가보는 실천도 하고 자격증 공부나 교육을 수강하는 실천도 해본다.

인테리어 책을 읽고 셀프 페인팅을 해본다거나, 요리책을 읽고 요리를 하는 것도 실천이다. 자녀에 관련된 책을 읽고 아이를 돌볼 때 활용하거나, 책에서 나온 아이디어를 업무에 적용해 보기도 한다.

소셜 미디어 관련 책을 읽고 블로그를 개설하고 인스타를 해보기도 한다. 책 쓰기에 대한 책을 읽고 책을 쓰는 실천을 하기도 하고 인권에 대한 책을 읽고 인권 강사 양성과정을 듣고 강의를 하기도 한다.

이렇게 행동의 변화를 느끼게 된 것은 500권 정도 읽는 시점부터였다. 처음 한 걸음 한 걸음에서는 변화를 느끼기가 어려웠지만, 500권 정도 읽고 나니 다른 사람과 걷는 방향이 달라짐을 느끼게 되었다. 1천 700권을 읽은 지금은 7년 전과 완전히 다른 새로운 길을 걷고 있다. 한 책을 읽으면, 한 가지를 깨닫고, 한 가지를 실천하기는 지금도 계속하고 있다.

다섯 번째 ▶ 글쓰기와 말하기 변화

책을 읽으며 경험하는 변화 중 글쓰기와 말하기를 빼놓을 수 없다. 평소에 많은 글을 쓰고 말하지만, 언제나 힘든 일이다. 독서를 계속하다 보면 글쓰기와 말하기에 많은 변화가 온다. 특히 글을 필사하며 읽는 습관 때문에 저절로 글쓰기 훈련이 되었다. 800권 정도 읽다 보니 자연스럽게 '나도 책을 쓰고 싶다'라는 생각이 들어 6주 만에 첫 책의 글을 완성했다.

책 속에서 작가의 주장을 따라가다 보면 생각거리들이 풍성해진다. 그것이 자연스럽게 말하기로 이어진다. 나는 한 분야에서 16년 정도 일을 했는데 내·외부 직원 교육을 할 기회가 많았다. 그럴 때마다 주장이 빈약하다고 느꼈는데 독서를 시작하고는 비슷한 분야의 책을 인용하게 되고 그것이 주장에 뒷받침되니 청중에게 좀 더 설득력 있는 강의와 교육을 할 수 있게 되었다.

여섯 번째 ▶ 직업과 인맥의 변화

책을 읽으면서 본업 외에도 '작가'와 '강사' 그리고 '독서토론모임 대표'라는 직업이 새로 생기게 되었다. 추가적인 부수입이 생기는 것은 물론이다. 독서모임을 진행하면서 함께 하고 싶다는 분들의 요청으로 3개의 독서토론 모임을 진행하게 되어 '독서토론모임 리더'라는 역할도 수행하게 되었고, '하루 한 권 책밥'이라는 비영리 단체의 대표라는 직함도 새로 생겼다.

책을 읽으며 다양한 사람들과 교류를 하게 된 것도 빼놓을 수 없는 변화이다. 독자들과 메일을 주고받고, 강연에서 만나고, 독서토론 모임으로 계속해서 새로운 인연을 맺다 보니 책을 읽기 전과 비교해서 1천 500여 명 이상의 사람들과 교류를 시작하게 되었다.

하루 한 권 책 읽기를 시작했을 때는 나를 따라 책을 읽는 사람이 없었다. 나 역시 방해만 하지 않아도 다행이라 생각했다. 혼자 책을 읽으면서 100권이 될 때마다 SNS에 올렸다. 사람들에게 선언해야 결심이 흔들리지 않을 것 같아서이다. 100권, 200권, 300권, 400권… 1천 권을 올릴 때까지만 해도 사람들은 그저 책을 읽나보다 했는데 《1천 권 독서법》이 베스트셀러가 되면서 많은 사람이 나를 따라 독서를 시작하고 있다. 처음은 우리 아이들과 남편이었다. 초등학교 4학년인 첫째는 한 달에 책을 20권, 1년 동안 200권 정도를 읽는다. 초등학교 1학년인 둘째는 한 달에 10권, 1년에 100권 이상의 책을 읽는다. 남편은 결혼 후 9년 동안 한 권의 책도 읽지 않았지만, 지금은 1년에 3권 정도 읽기 시작했고, 올해 초에는 직접 돈을 주고 책을 사오는 기적도 보여주었다.

이렇게 독서 전염은 《1천 권 독서법》 출간을 계기로 많은 사람에게 확대되고 있다. 30대 독자가 '30대가 되면서 두려웠는데 작가님 책을 읽고 저도 작가님처럼 책을 읽는다면 지금의 고민을 해소할 수 있을 것 같다는 희망이 생겼어요. 책에서 추천해 주셨던 몇 권을 사서 틈틈이 읽고 있어요. 책을 읽으며 5년 뒤엔 내가 어떤 사람이 되어 있을까 하는 기분 좋은 기대감도 생겼답니다'라는 메일을 보내주기도 했고,

페이스북으로 '작가님 책을 읽고 제 삶에 많은 부분이 긍정적으로 변화하고 있다는 걸 느낍니다'라는 글을 남겨주기도 했다. 블로그에도 '올해 읽은 책을 정리하며, 작가님의 1천 권 독서법이 제 삶을 바꾸고 있음을 느낍니다. 책을 펼칠 때, 혹시 중간에 그만두는 것 아닐까? 무서워했는데 지금은 자연스럽게 책을 읽습니다. 책을 읽으니 사람과의 관계가 좋아지고 마음이 편안해지는 걸 느껴요. 조금씩 나아지는 제 삶이 좋습니다'라는 글을 남겨준 독자도 있다.

강연에 참석한 50대 독자는 "친구가 작가님 책과 강연을 듣고 지금까지 6개월 넘게 책 읽기 하는 것을 보고, 저도 시작해 보려고요. 친구의 변화가 궁금하고 신기해서 특강에 참여하게 되었어요" 라는 말을 하기도 했다. 책을 읽은 사람들끼리 '1천 권 독서 클럽'을 만들어 매월 1회씩 정기 모임을 가지기도 하고, '1천 권 읽기 온라인 모임'에 참여하는 사람들도 50여 명이 된다. 각자 책을 읽는 속도와 장소는 다르지만 나를 계기로 책 읽기를 시작하는 사람들이 있다는 것은 놀랍고 감사한 일이다.

여덟 번째 │ 퍼스널 브랜딩의 변화

독서를 통해 특별함이 생기고, 유명해진다. 선한 영향력이 주변으로 확대된다. 그저 평범한 직장인이었던 아이 둘의 엄마에게 초·중·고·대학교에서 강연 요청이 오고, 일반기업과 협회, 도청, 도서관에서도 강연 요청이 온다. 일간지에서 취재를 하고, 포털사이트 메인에 나오고, 대학원 동문회에서 공로상을 받는 등의 일들이 내 삶에 일어난 것은 모두 책 읽기 덕분이다.

나도 모르는 사이 '하루 한 권 책 읽기 하는 사회복지사'로 유명해지게 되면서 독자들과의 교류도 활발해졌는데 유명 정치인과 기업 대표에게 직접 강연을 제안받기도 했다.

그런 변화 중 가장 기뻤던 것은 바로 시어머니의 변화였다. 아이가 자꾸 아픈 것도 내가 일을 하기 때문이라며 죄책감 들게 했던 시어머니가 어느 날 전화로 "안나야 수고했다. 앞으로 몸 쓰는 일은 다른 사람 시키고, 너는 머리 쓰는 일만 해라"라고 말씀을 하셨는데 듣는 순간 눈물이 날 뻔했다.

아이 둘을 낳고, 대학원을 두 번이나 졸업하면서도 시가의 제사상을 열심히 차려냈지만 시어머니는 한번도 나의 수고를 인정하지 않았다. 오히려 며느리가 외부 활동을 하니 남편과 아이들에게 소홀하지 않을까 늘 그 걱정만 하셨다. 통화하며 처음으로 시어머니에게 '사람'으로 인정받은 느낌이 들었다. 책만 읽었을 뿐인데, 이런 날도 오는구나. 정말 감사했다.

아홉 번째 | 책임감의 변화

다양한 책을 읽으면 사고의 폭이 넓어지기 때문에 자동으로 시야가 넓어진다. 가족과 일만 생각했던 나 역시 계속 책을 읽다 보니 '내가 모르는 세상'에 대한 궁금증이 커졌고 '내가 모르는 세상'에 좋은 영향을 끼치는 사람이 되어야겠다는 생각을 하게 되었다.

> "삶은 우리에게 가르쳐줍니다. 남에게 베풀고 싶은 마음과 베푸는 기쁨을, 남들을 사랑하고 그들을 위해 책임을 감수하는 것, 어떤 경우에도 남에게 베풀고 싶다는 마음, 이 마음을 북돋워야 합니다. 사람을 책임 있는 인간으로 만드는 것이 바로 그 마음입니다. 우리의 지성과 감성을 키워주는 것이 바로 그 마음이기 때문입니다."

프랑스의 사회운동가인 스테판 에셀Stephane Hessel의 말이다. 책은 나에게 이런 마음을 심어주었다. 나는 버는 돈의 10분의 1을 후원금으로 사용하고, 사회복지시설이나 필리핀에서 한국인 혼혈을 대상으로 하는 학교에 후원하고 있다. 재능기부 형식으로 소규모 모임이나 교회에 강연하기도 한다.

봉사와 후원 외에 사회에 기여할 수 있는 것이 무엇일까 고민하다

'헌혈'을 생각해냈다. 대한적십자사 등록헌혈회원(ABO Friends)으로 등록하여 1년에 2, 3번 정기적으로 헌혈한다. 자원봉사나 헌혈을 할 때는 의도적으로 아이를 데리고 가는 데 가기 전에 '인체'나 '병원'에 대한 책을 읽어주고, 우리가 어디를 가는지, 왜 이런 것을 하는지 설명한다. 함께 참여하는 과정을 통해서 자녀에게 살아있는 교육이 되도록 말이다.

#7
엄마의 독서가
무기가 되는
이유

독서를 통해 전문가가 될 수 있다

나는 흙수저로 태어났다. 어렵게 자라 대학등록금도 혼자 벌어야
했고, 결혼할 때도 전부 내가 번 돈으로 했다. 집을 살 때도 양가 도움
없이 대출을 받아 집을 샀다. 부모님은 낳아준 것 말고는 해준 것이 별
로 없다. 내가 부모에게 받은 것이 없어 고생했기에 내 아이에게는 많
은 것을 주고 싶었다. 하지만 태생적 한계로 좋은 것을 맘 편히 해줄
수 없어 언제나 미안한 마음이었다. 하지만 책을 읽기 시작하면서 많
은 변화가 일어났다. 무엇보다 가장 큰 변화는 책을 읽기 전보다 연봉

이 두 배가 되었다는 사실이다.

아이에게 해줄 수 있는 가장 좋은 것 중 하나는 좋은 환경을 만들어 주는 것이다. 이전까지는 물질적인 부분으로 해줄 수 있는 것이 없었는데 독서를 통해 작가가 되고 강사가 되어 수입이 늘어나면서 아이에게 해줄 수 있는 것도 다양해졌다. 한국에서 학교를 다니는 것 말고는 다른 선택지가 없었던 아이에게 한국을 포함해 다른 나라에서 공부할 수 있는 선택지도 줄 수 있게 되었다.

엄마가 책을 읽으니 전문가가 될 길이 열리고 그것이 아이에게 다양한 기회를 만들어 줄 수 있는 계기가 되는 것이다.

아이는 엄마의 뒷모습을 보고 자란다

2018년 11월 한국인 독서 실태 조사 결과에 따르면 초등학생은 월 7.6권의 책을 읽고 30대는 월 1권, 40대는 월 0.9권의 책을 읽는다고 한다. 나이가 들수록 책 읽는 빈도가 낮아지는 것을 볼 수 있다.

'아이는 엄마의 뒷모습을 보고 자란다'는 말이 있다. 엄마는 스마트폰 보고 텔레비전 보면서, 아이에게만 책을 읽으라 하면 아이는 뒷모습을 따라 하기에 책 읽는 아이가 아니라 스마트폰이나 텔레비전을 보는 아이가 될 것이다. 지인 중에 책을 좋아하지 않는데, 작가가 되어야겠다고 생각을 하게 된 분이 있다. 왜 그런지 물어보니, 엄마가 항상 책을 좋아하고 즐겨 읽는 모습을 보면서 책에 대해서 좋은 마음을 가지게 되었고, 크면 엄마가 좋아하는 책을 쓰는 작가가 되고 싶다는 생각이 들었다는 것이다. 엄마의 뒷모습을 아이가 지켜보고 있었고, 그 모습이 아이에게 좋게 보였기 때문에 이런 말을 하게 된 것이리라.

내 아이에게 어떤 뒷모습을 보여줄 것인지 생각해보자. 어떤 뒷모습을 보여주고, 따라하게 할 것인지 말이다.

아이의 어휘력 발달을 위해 엄마가 책을 읽어야 한다

SBS에서 방송된 〈밥상머리의 작은 기적〉이란 방송을 보면, 아이의 어휘력 발달을 위해 대화를 많이 해야 한다고 한다. 책을 읽어 줄 때 나오는 단어가 140개인데, 대화할 때 나오는 단어가 1천 개이기 때문이다. 엄마가 책을 읽지 않으면 다양한 단어로 대화할 수 없다. 하지만 엄마가 책을 많이 읽으면 어떻게 될까? 일상의 단어는 1천 개에서 그치지 않고 2천 개, 3천 개가 될 수도 있다. 그렇게 되면 아이에게 보다 다양한 언어 자극을 줄 수 있다.

엄마들이 독서를 할 때 비교적 쉽게 읽히는 에세이류만 찾아 읽거나 육아서만 읽는 경우가 많은데, 그렇게 편식 독서를 하면 어휘력에는 큰 도움이 되지 않는다. 다양한 어휘력을 가지기 위해서는 인문, 사회, 역사, 과학 등 모든 분야를 골고루 읽어야 한다.

아이 혼자하는 책 읽기는 발전에 한계가 있다. 책을 읽고 엄마와의 대화가 시작되어야 한다. 그래야 모든 학습의 기초가 되는 어휘력이 튼튼해진다. 아이와 잘 대화하기 위해서 엄마가 책을 많이 읽어야 한다.

흔들리는 건 아이가 아니라, 엄마다

아이를 키우다 보면 너무 많은 정보로 혼란스럽다. 누구는 영어 유치원에 간다더라, 누구는 학원 3개를 다닌다더라, 누구는 논술 2개를 한다더라…. 이런 소문에 마음이 흔들리지 않는 엄마가 있을까? 우리 아이가 뒤처질까봐, 힘들어할까 봐 걱정되는 마음은 다 같기 때문이다. 하지만 엄마가 정신을 똑바로 차려야 아이를 잘 키울 수 있다.

사회복지사로 근무하면서 많은 엄마와 아이를 보았다. 엄마가 불행한데 아이가 행복한 집은 어느 집도 없었다. 엄마가 행복해야, 아이도 행복하다. 내 아이가 행복하길 원한다면 엄마가 먼저 행복해져야 하고, 아이를 믿는 마음을 가져야 한다. 그러기 위해서는 독서로 항상 마음을 가다듬고, 내 삶을 어떻게 가꾸어 갈 것인지 주체적으로 생각하는 엄마가 되어야 한다.

나는 독서로 기나 긴 우울증을 지나왔다. 마음속 깊이 존재하던 열등감을 해소하고 자존감이 향상되니 아이들에게 짜증내는 일도 없어졌다. 주변에서 아무리 학원을 많이 보낸다고 해도 아이들을 학원을 보내지 않고 자기주도 학습을 시키고 있다. 소신에 따라 흔들림 없이 아이들을 키우고 있다.

기 적 을 만 드 는 엄 마 의 책 공 부

2부

나는 독서로
'삶의 의욕'을
되찾았다

• 독서 솔루션 1 •

다른 사람의 시간을 이용해 독서하기

'다른 사람의 시간'을 이용해 책을 읽자. 당신이 퇴근하고 돌아와 혼자 살림과 육아를 책임지고 있을 때 당신 남편은 술을 마시거나 텔레비전 앞에서 시간을 보내고 있지 않은가? 경제적인 부분을 함께 책임지고 있다면, 살림과 육아도 함께해야 한다. 남편에게 살림과 육아의 반을 맡기고 나의 독서 시간을 확보하자. 당신과 남편이 하지 못하는 살림과 육아가 있다면 전문가를 찾아 아웃소싱을 주자. 남편의 전문 분야가 집안일이 아니듯 나의 전문 분야도 살림과 육아가 아니다. 나의 전문 분야는 내가 일하는 직장이다. 내 일에서 경력을 쌓기 위해서는 끊임없는 자기계발이 필요하다. 그 시간을 확보하기 위해 나는 주 1회 4시간 가사 도우미를 부르고 책을 읽는다. 그렇게 책을 읽은 덕분에 능력을 인정받고 몸값을 높일 수 있었다.

#1
우리집을
회사라고 생각하자
문제가 쉽게 풀렸다

회사에서 유능한 나 vs 집에서 무능한 나

회사에서는 능력을 인정받는데 집에서는 인정받지 못한다고 생각해 본 적이 있는가? 나는 셀 수 없이 많다. 스스로도 이상했다. 회사에서는 능력 있는 직원이고 팀장인데, 왜 집에서는 그렇지 못할까? 집에서는 왜 회사에서처럼 리더십을 발휘하지 못할까. 왜 이렇게 무력감이 느껴질까? 라는 생각이 수없이 나를 괴롭혔다. 아마도 이 책을 읽는 일하는 엄마라면 회사에서 어느 정도 위치에 있거나 능력을 인정받는 직원일 것이다. 평균 이상의 성과를 보여주지 못했다면 지금까지 회사에 다니지 못했을 것이기 때문이다.

관계의 설정 - 엄마와 아빠는 대표, 아이들은 직원

회사에서는 업무를 시작하기 전에 그 일을 누가 하는 것이 좋을지 생각해서 업무를 분담한다. 목표를 세우고 달성하기 위해 공부하고 다른 사람의 의견도 물어보며 진행한다. 그런데 집에서는 많은 일을 혼자 해야 한다고 생각한다. 또 노력한 만큼 가시적인 결과물이 보이지 않으니 하고 싶은 마음이 들지 않는다.

그래서 이렇게 생각을 바꿔보기로 했다. 우리집 104호를 회사라고 생각하기로. 우리집의 공동대표는 나와 남편, 직원은 아이들이라고 설정했다. 그렇게 생각을 전환하자 보이지 않던 문제의 해결점이 보이기 시작했다. 나와 남편이 공동대표로서 어떻게 협조하면 좋을지, 동업자로서 어떻게 좋은 관계를 유지해야 하는지, 내 주장을 관철시키기 위해 공동대표를 어떻게 설득하면 좋을지. 관점을 새롭게 구성하니 10년 회사 생활을 하던 가락이 있어서인지 훨씬 편했다. 그동안 남편이 집안일을 나눠서 하지 않아 짜증이 나고 항상 화가 나 있는 상태였는데 내가 대표라고 생각하니, 남편과 아이를 어떻게 참여를 시키고 함께 해나갈 수 있을까를 고민하게 되었다.

어떤 사람과 결혼해야 하는가?

일련의 과정을 겪으면서 생각한 것이, 결혼은 성숙한 사람과 해야 한다는 것이다. 지금의 결혼제도는 여성에게 불평등하다. 결혼하기 전에는 단순히 사랑하는 사람과 같이 살고, 아이를 낳아 키우면 된다고 생각했지, 얼굴 한번 본 적 없는 시가의 조상을 위해 새벽부터 일어나 2박 3일 동안 제사상을 차려야 할 것이라곤 상상도 못 했다. 제사상에 올린 생밤을 주워 먹다 시아버지에게 크게 혼이 나기도 했다. 친정은 제사를 지내지 않기에 결혼 전에는 제사상을 차려본 적이 없는데 결혼하자마자 시가의 제사는 나의 몫이 되었다. 왜 시가의 제사를 그 집 사람이 아닌 남의 집 사람들이 차려내야 하나. 급기야 시어른들은 며느리에게 매일 안부 인사를 해야 한다고까지 했다. 아뿔싸. 결혼하니 챙겨야 할 부모가 네 명이 됐다.

정신적으로나 경제적으로 성숙하지 않은 사람은 결혼하면 안된다. '힘들 때나 어려울 때나 검은 머리가 파 뿌리 될 때까지'를 지켜 낼 수 있는 사람은 성숙한 사람뿐이다.

핵심은 남편! 남편을 살림과 육아에 참여시키자

행복한 결혼생활의 핵심은 남편이다. 책 읽는 시간 만들기의 핵심도 남편이다. 결혼 후 3년까지 모든 집안일과 육아를 혼자 했다. 둘째를 낳고서도 남편은 함께 한다기보다 도와주는 느낌이 강했다. 남편이 아이들 목욕을 전담하기까지 5년이 걸렸고, 설거지를 본인 업무라고 인식시키기까지 8년이 걸렸다. 살림과 육아는 남편이 도와주는 것이 아니라 남편의 일이기도 하다. 아내와 남편은 충분히 의견을 나누고 살림과 육아에 대한 업무분담을 해야 한다.

남자는 집안일 못한다? 남자도 군대에서 빨래 개고, 뽀도독 소리나도록 설거지했다. 자기 빨래 자기가 빨아봤고, 사물함 정리도 할 줄 안다. 빨래, 정리정돈, 청소, 설거지 못 할 리가 없다. 남자라서 육아를 못 한다고? 여자도 애 안 키워보고 결혼했다. 여자도 육아를 안 해 봤다. 너나 나나 처음인데 같이 하면 되지 왜 못한다고 하나?

#2

서른 일곱 가지
살림과 육아
업무분장 프로젝트

가사노동의 종류는 몇 가지일까?

한국여성정책연구원에서 주부 연봉 계산기를 산출하면서 가사노동을 종류별로 구분한 자료를 발표했다. 살펴보면 모두 서른 일곱 가지의 가사노동이 있다.

가사노동의 종류

〈가정관리〉

음식	1. 식사준비 2. 설거지 및 식후정리 3. 간식, 저장 식품 만들기
의류관리	4. 세탁 및 널기 5. 옷 정리 6. 다림질, 바느질, 의류손질 7. 의류수선, 세탁서비스 8. 재봉, 뜨개질
청소 및 정리	9. 방물품 정리 10. 집안청소 11. 그 외 청소 및 정리
집 관리	12. 가재도구, 집 손질 등 13. 세차, 차량관리 등 14. 그외 집 관리
가정물품구입	15. 시장보기 16. 쇼핑하기 17. 내구재 구매 18. 무점포 쇼핑
가정경영	19. 가계부 20. 가정 계획 21. 은행, 관공서
기타가사일	22. 기타 가사일

〈가족 보살피기〉

미취학아동	23. 신체적 케어 24. 책 읽기, 놀아주기 25. 간호 26. 기타
초중고	27. 세면, 등하교 28. 숙제 및 공부 29. 학교(상담. 방문) 30. 간호 31. 기타
배우자	32. 간호 33. 기타
부모 및 조부모	34. 간호 35. 기타
그 외 가족	36. 간호 37. 기타

※출처: 한국여성정책연구원

살림과 육아는 20년짜리 장기 프로젝트이다

살림과 육아를 쪼개면 위와 같이 크게 37개로 나뉜다. 살림과 육아를 일 단위, 주 단위, 연 단위로 쪼개서 생각해보자. 각 프로젝트 단계별로 담당자와 필요한 자원 계획을 세워보자. 우리는 이런 업무에 도가 튼 사람들 아닌가?

첫 번째. 가정 업무 달력

우선 스마트폰 달력에 업무 및 가사, 육아 일정을 모두 적는다. 처음에는 업무용 다이어리와 집안일 다이어리를 분리해서 적었는데 따로 관리하기도 어렵고 살림과 육아가 자꾸만 우선순위에서 밀리더라. 그래서 업무 다이어리 겸 가사 육아 다이어리를 통합해서 사용하고 일정표는 남편과 공유했다. 살림과 육아는 남편과 서로 업무 일정을 봐서 아웃소싱할 것과 우리가 할 것을 정하고 담당자를 정했다.

예를 들면, 3월에는 첫째 아이 학교에서 공개수업과 학부모총회, 학부모 상담이 있다. 덧붙여 시부모님의 요청으로 아이들을 데리고 시가를 방문하기로 했다. 그래서 첫째 공개수업은 내가 점심시간을 이용해 얼굴도장만 찍고, 학부모 상담은 둘 다 시간이 나지 않아 전화 상담으로 대체하기로 했다. 시가 방문은 주말에 다녀와야 하는데 나는 일정이 있어, 남편이 아이들을 데리고 다녀오기로 했다. 방문 시 가

져갈 시부모님의 선물은 구두와 홍삼으로 논의해서 결정했다. 업무라
고 생각하니 일이 착착 진행됐다.

두 번째. 돌봄 노동, 하지 않기를 선택하라

살림과 육아 중 하지 않을 일을 선택하라.

- ☑ 나는 자녀 공부를 내가 시키지 않기로 했다.
- ☑ 나는 설거지를 하지 않기로 했다.
- ☑ 나는 자동차 세차를 하지 않기로 했다.
- ☑ 나는 남편 방 청소를 하지 않기로 했다.
- ☑ 나는 아이들 장난감 정리를 하지 않기로 했다.
- ☑ 나는 세탁물 다림질을 하지 않기로 했다.
- ☑ 나는 김치와 곰탕과 육개장은 요리하지 않기로 했다.
- ☑ 나는 아이 학교 엄마들 모임에 가지 않기로 했다.
- ☑ 나는 운동화 빨래를 하지 않기로 했다.
- ☑ 나는 명절에 친정에 가지 않기로 했다.
- ☑ 나는 시가에 용돈을 드리지 않기로 했다.

내가 하지 않는다고 그 일을 못하는 것은 아니다. 남편이 하거나 외
부 전문가를 쓸 수도 있다. 그리고 때로는 아무도 하지 않아도 괜찮은

일도 있다. 그러니 엄마들이여, 내가 하지 않을 일을 먼저 정하자.

세 번째. 돌봄 노동, 업무빈도 계획을 세우자

꼭 해야 할 일의 횟수와 빈도, 소요 시간에 대한 계획을 세우자. 아이들 숙제 지도와 공부는 주중에만 하는데 매일 숙제와 학습지 3장을 풀게 한다. 아이들 목욕은 여름에는 매일, 겨울에는 이틀에 한 번씩 한다. 설거지는 주 2회만 한다. 정리정돈은 매일 자기 전 15분 동안 한다. 청소기는 이틀에 한 번만 돌린다. 요리와 장보기, 화장실 청소, 쓰레기 분리수거는 주말에 한다. 이렇게 각 가정의 상황에 맞게 살림과 육아도 빈도를 설정하자. 꼭 모든 살림과 육아를 매일매일 할 필요는 없다. 나는 평일에는 하루 1시간 30분만 가사노동을 하기로 했고, 주말에는 2시간만 하기로 정했다.

네 번째. 돌봄 노동, 업무 분장하라

살림과 육아를 업무 분장할 때 딱 50%로 나눌 필요는 없다. 살림과 육아에서 남편이 잘하는 것, 못하는 것, 하기 싫어하는 것, 보통인 것을 생각해보자. 그리고 아내가 잘하는 것, 못하는 것, 하기 싫어하는 것, 보통인 것을 생각해보자. 가사노동과 육아를 합쳐 각자의 장점에 따라 나누면 된다.

우리집의 경우 처음에는 남편이 살림과 육아 중에 무엇을 잘하는

지 몰라 청소, 빨래, 정리, 설거지, 화장실 청소 등을 하나씩 시켜보았는데, 그중에 설거지를 잘했다. 그리고 쓰레기를 버리고 분리수거하는 일도 할 만하다고 했다. 그런데 정리정돈을 하라고 하니 모든 물건을 한자리에 모아 놓기만 했다. 빨래할 때 구분해서 하는 것도 어려워하고 젖은 옷을 널 때도 자꾸 꼬인 채로 널었다. 그래서 세탁기 돌리는 것과 빨래 개는 것은 내가 하고, 빨래 너는 것은 아이들이 하기로 했다. 육아에서는 아이들 목욕시키기와 밥 먹이기, 공부시키기를 남편이 하기로 했다.

추가되는 가사 노동은 '자유 시간'으로 보상을 한다. 예를 들어, 시가 방문을 해서 내가 요리 등을 추가로 하게 되면 나에게 4시간의 자유 시간을 주고, 주말에 남편 혼자 아이들을 돌보면 나는 남편에게 4시간 자유 시간을 준다. 자유 시간 보상은 상대방의 수고를 인정하는 효과도 있고 추후 보상이 있기 때문에 추가 노동을 하게 되어도 좋은 마음으로 하게 된다는 효과가 있다.

다섯 번째. 반복적인 일은 규칙을 정하면 쉬워진다

반복적으로 해야 할 일은 알람을 사용하자. 나는 기상뿐 아니라 아이들 공부할 시간, 양치할 시간, 자야 할 시간을 모두 알람으로 맞춰놓았다. 아이 키즈폰에도 스케줄 기능이 있어서 등교 시간과 하교 시간, 방과 후 수업에 알람이 올리도록 설정해 놓으니, 일일이 챙기지 않아도 아이가 알람을 보고 혼자서 다닌다.

저축과 보험, 세금납부, 자녀 학교 특별활동비 등 정기적으로 나가는 것은 자동이체로 설정해 놓고 신경 쓰지 말자. 스마트폰 앱 중 가계부 앱을 다운받아서 결제와 동시에 가계부가 기록되도록 하면 좋다. 즉시 처리할 수 있는 것들은 업무 목록에 쓰지 말고 즉시 처리하자. 무엇을 예약해야 하거나, 알아봐야 하는 것들은 미루지 말고 바로 하자. 스마트폰으로 대부분의 일은 처리가 가능하다.

고정적으로 필요한 물건들은 체크리스트를 만들고, 가방 채로 보관한다. 수영장 가방에는 수영복, 속옷, 바지, 티셔츠, 세면도구, 비치타올, 선크림, 방수팩, 보조배터리, 물병, 돗자리 같은 물건을 넣어두고 가방 바깥쪽에 목록을 써 붙였다. 출장이나 여행을 갈 때 사용할 가방에는 기본적인 세면도구, 수건, 어댑터, 여권, 볼펜, 수첩 등을 넣어 보관하고 있다.

여섯 번째. 잘 버리기

독일 작가 쿠르트 투콜스키Kurt Tucholsky는 "엄밀하게 말해서 사람들은 보관하지 않는다. 다만 버리지 못할 뿐이다"라고 말했다. 사람들은 물건을 잘 버리지 못한다. 하지만 가사노동을 줄이는 방법 중 가장 효율적인 방법은 잘 버리는 것이다. 1년 이상 입지 않은 옷들을 기준으로 계절이 바뀔 때마다 버리자. 옷뿐만 아니라 1년 이상 사용하지 않은 물건들도 한꺼번에 정리하는 것이 좋다. 아이들 장난감을 버리지 못하는 집들이 많다. 팁을 하나 알려 주자면, 아이들은 가지고 놀지 않는 장난감도 막상 버린다고 하면 버리지 말라고 하는 경우가 많으니 그럴 때는 아이들이 보지 않을 때 검은색 봉지에 넣어 아이들이 찾지 못할 공간에 3개월 정도 보관한다. 그러다 중간에 아이가 찾으면 다시 주고, 찾지 않으면 3개월이 지난 후 버리면 된다. 또한, 어린이집이나 학교에서 만들어온 작품이 집마다 많은데 미안하지만, 이런 것들은 바로바로 정리해야 한다. 아이들이 만들어온 그림, 공작, 만들기 등은 사진으로 찍어 두고 과감하게 버리자.

일곱 번째. 눈을 낮추자

남편이 살림과 육아를 하면 분명히 당신 마음에 차지 않을 것이다. 당연하다. 하지만 이 정도면 됐다고 생각하고 눈을 감자. 남편이 설거지하고 나면 설거지한 그릇을 바로 옆에 쌓아두고, 거품도 여기저기 튀어 있고, 행주도 널브러져 있곤 하는데 이때 잔소리를 하면 안 된다. 친정아버지가 설거지를 저런 식으로 했는데 그때마다 친정어머니가 잔소리했지만 평생 고쳐지지 않았고 나중에는 아예 하지 않게 되었다. 내가 하는 걸 기준으로 삼지 말고, 남편이 할 때는 남편의 기준으로 맞춰주면 서로가 편하다.

현재 우리집의 가사 업무 분장

다음 표는 현재 우리집의 가사 업무 분장을 정리한 것이다. 식사 준비는 주로 내가 하지만 없을 때는 남편이 준비한다. 반찬을 만들지 못하는 날엔 남편이 반찬가게에서 사 와서 먹는다. 설거지는 주 2회 남편만 한다. 식후 정리는 내가 하거나 남편이 한다. 주 1회 가사 도우미가 설거지, 세탁, 빨래 널기, 옷 개기, 청소 및 정리를 한다. 손 세차와 옷 수선, 다림질은 전문 업체를 이용한다. 장보기는 가족이 함께하고 가계부는 스마트폰 앱을 이용한다. 그 외 가사 일은 상황에 따라 남편과 내가 논의해서 정한다.

우리집 가사 업무 분장 표

가정관리		빈도	주담당	부담당	전문가
음식	식사＋간식준비	매일	나	남편	–
	설거지	주 2회	남편	–	주 1회 가사 도우미
	식후 정리	매일	나	남편	
의류관리	세탁, 옷 개기	주 1회	나	–	
	빨래 널기		남편, 아이	–	
	다림질, 바느질, 의류손질	월 1회	업체 이용		
	의류수선, 세탁서비스				
	재봉, 뜨개질				
청소 및 정리	방 물품 정리	주 2회	나, 아이	–	
	집안청소(청소기, 손걸레)		나	–	
	음식물 쓰레기, 분리수거	주 1회	남편	–	
집 관리	가재도구, 집 손질 등	월 1회	업체 이용		
	세차, 차량 관리 등				
	그 외 집 관리				
가정물품구입	시장보기	주 1회	가족이 함께		–
	쇼핑하기				
	내구재 구매				
	무점포 쇼핑				
가정경영	가계부	매일	스마트폰 앱 이용		
	가정계획	필요시	나		–
	은행, 관공서		자동이체		
기타가사일	기타 가사일		상황에 따라		–

특명!
육아 당직제를
도입하라

황혼 육아를 반대한다

최근에는 맞벌이가 많아지다 보니 조부모가 손주를 보육하는 황혼 육아가 늘어나고 있다. 2015년 한국여성정책연구원의 〈맞벌이 가구의 영아 양육을 위한 조부모 양육지원 활성화 방안연구〉에 따르면 0~2세 영아 양육을 위해 조부모 및 친인척에게 도움을 받는 비율은 2009년 26%, 2012년 38%, 2014년 53%로 빠르게 증가하고 있다. 조부모 500명을 대상으로 손주를 보육하는 이유를 묻는 질문에는 자녀 직장생활에 도움을 주기 위해서가 67%로 가장 높았다. 동시에 '그만 돌봐도 된다면 그만두겠다'라는 답변도 74%에 달했다.

가능하면 친정 부모나 시부모에게 아이를 맡기지 않는 것이 좋다고 생각한다. 도움을 받는 만큼 간섭받는 일도 많아지고 육아 방식이 달라도 제대로 말도 할 수 없기 때문이다. 적지 않은 비용도 드려야 한다. 아이를 봐주는 부모님은 부모님대로 섭섭한 일이 많아진다. 그리고 마음 한편으로 '애도 봐줬는데 나이 들면 모시고 살겠다고 하겠지?'라는 생각을 은연중에 하시는 경우도 많다. 지금 도움받은 만큼 나중에 책임져야 하는 상황이 올지도 모른다. 모든 것은 기브앤테이크라는 것을 잊지말자.

육아 당직제 도입 계기

당직이란 회사에서 돌아가며 공동업무를 수행하는 것을 말한다. 육아 당직제는 요일을 정해서 육아를 책임지는 것을 말하는데 당직자는 엄마와 아빠, 그리고 외부 전문가가 맡아 할 수 있다.

처음 육아 당직제를 도입하게 된 계기는 나의 대학원 진학 때문이었다. 대학원 진학을 앞두고 고민에 빠졌다. 주 2회 무조건 저녁 시간을 빼서 대학원에 가야 하기 때문이다. 대학원을 가야 하는 주 2회는 아이들을 저녁 7시 30분까지 어린이집에 맡겼다. 아이들이 아빠의 퇴근을 기다리면서 먹을 빵도 미리 사다 줬다. 남편도 회사에 상황을 설명하고 주 2회는 무조건 정시에 퇴근하거나, 일부러 오후에 외근을 잡도록 해서 7시 30분까지 어린이집에 가서 아이들 픽업하도록 했다. 도저히 시간이 안될 때는 내가 퇴근하면서 아이들을 보호자 동반 없이 맡길 수 있는 집 근처 실내 놀이터에 맡기기도 했다.

대학원 수업은 살림과 육아에서 벗어날 수 있는 유일한 시간이었다. 아이를 낳은 후 처음으로 평일 저녁 시간에 회사와 집이 아닌 곳에 있다니. 주변에서는 직장을 다니며 대학원 수업까지 들으려면 힘들지 않냐고 하는데 나는 너무 좋았다. 새로운 것을 배우는 것도 다양한 사람들을 만나는 것도 좋았지만, 무엇보다 주 2회 살림과 육아 노동에 온전히 빠질 수 있다는 것이 가장 좋았다. 지금은 졸업했지만, 한번 적응이 되니 그 방식이 자연스럽게 굳어져서 지금도 남편과 주 2, 3회씩 저녁 육아를 번갈아 하고 있다.

아빠가 육아에 참여하면 생기는 일

미국의 애널리스트 메리 미커Mary Meeker의 연구에 따르면, 아빠가 육아에 참여할수록 아이의 행복도가 올라간다고 한다.

엄마 중에는 아빠가 육아를 잘할 수 없을 거라는 불안감에 맡기지 못하는 분들이 있다. 그런 분들에게는 아빠에게 아이를 맡긴 후 잠시 집을 비우는 걸 추천한다. 일단 눈에 보이지 않으면 불안감은 훨씬 적어진다.

일 때문에 매주 토요일 오전 집에서 나와야 할 때가 있었다. 아침밥과 점심밥을 준비해 놓고 나갔는데도 남편은 온종일 아이들과 텔레비전만 보고 있었다. 그래도 잔소리를 하지 않았다. 그런데 점점 아이들이 아빠와 있는 시간이 익숙해지니 아빠에게 적극적으로 하고 싶은 걸 요구하는 일이 많아졌다. 그러다 보니 집 근처 놀이터를 가서 1, 2시간씩 놀기도 하고, 조금 멀리 대공원도 가고, 차를 타고 하늘 공원도 가는 등 아빠와의 놀이가 다양해졌다.

처음에는 매주 도시락을 싸놓고 나갔는데 점점 남편이 마트에서 반조리식품을 사다가 유부초밥과 김밥 같은 간단한 도시락을 만들기도 했다. 이제는 자연스럽게 매주 토요일은 아빠랑 아이들이 소풍 가는 날이 되었다.

아빠에게 적극적으로 육아할 기회를 주자. 혹시라도 지나친 걱정과 불안함으로 우리가 그 기회를 막고 있는 것은 아닌지 생각해보자.

남편이 출장을 간 어느 날, 첫째 아이가 폐렴으로 입원을 한 적이 있었다. 누군가에게 도움을 청해야 하는 상황이었는데, 아이가 아픈 이유는 엄마가 제대로 돌보지 않아서 그런거라고 얘기 하시는 시부모님께 차마 연락할 수가 없었다. 결국 남편이 출장을 간 일주일 동안 회사에 휴가를 내고 아이 병원 간호를 했다. 다른 집은 할머니도 오고 할

아버지도 오고 저녁에는 아빠가 퇴근해서 보고 가는데, 우리 아이만 일주일 동안 아무도 찾아오지 않았다. 어찌나 속상하던지…. 언젠가는 둘째 아이가 갑자기 전염성 질병에 걸린 적이 있었다. 다른 아이에게 전염이 될 수도 있어 어린이집을 갈 수 없는 상황이었다. 전염성 질병시 아이돌봄서비스를 이용할 수 있다고 해서 신청했으나 파견 나올 사람이 없다는 대답만 들었다. 이렇게 되는 경우엔 보통 내가 일주일 정도 휴가를 내는 식으로 해결했는데 그때는 프로젝트 마무리 단계라 장기 휴가를 낼 수가 없었다. 그래서 월요일부터 금요일까지 5일을 남편과 반씩 휴가를 내서 아이를 보기로 했다. 2.5일씩 연달아 휴가를 내기는 힘든 상황이라, 양쪽 다 회사 사장님께 양해를 구하고, 나는 일주일 동안 매일 오후 휴가를 냈고, 남편은 일주일 동안 매일 오전 휴가를 써서 아이를 돌봤다. 아이가 아플 때 엄마 혼자 모든 간호를 해야 하는 것은 아니다. 이때도 최대한 남편이 참여하도록 해야 한다. 절반씩 못하더라도 최소한 하루 정도는 남자도 회사에 양해를 구하고 휴가를 내서 아이 간호를 하도록 요구해야 한다.

다음은 우리집의 육아 업무 분장표를 적은 것이다. 신체 케어는 내가 주 담당, 낮 보육은 어린이집 선생님과 학교 교사, 아이들과 외부에서 놀아주기는 남편이 주말에, 등하교 준비는 아이가 스스로 하도록 하고, 숙제도 아이 스스로 한다. 학부모 상담이나 아이들 아플 때 간호, 기타는 내가 하지만, 시간이 안 될 때는 남편이 한다.

우리집 육아 업무 분장표

	가족 보살피기	빈도	주담당	부담당
자녀	신체 케어 (목욕, 이미용, 식사, 간식, 잠, 간호)	매일	나	남편
	낮 보육	주 5일	어린이집교사 학교 교사	–
	책 읽기, 놀아주기, 문화 활동	매일	나, 아이	주말: 남편
	등하교 지도, 준비물, 가방	주 5일	아이	남편
	숙제, 기초학습	주 5일	아이 교사, 강사	남편
	어린이집/학교(상담, 방문)	년 2회	나	남편
	간호	필요시	나	남편
	기타 (예방주사, 학원 관리, 학부모 모임)	분기 1회	나	남편

#4
남편, 나를 통해
효도하려고
하지 마!

남자는 아내를 통해 효도하려 한다

남자는 결혼 전엔 부모 속을 썩이다가 결혼만 하면 효자가 된다고 한다. 문제는 효도를 스스로 하는 것이 아니라 아내를 통해 하려고 하는 것이다. 본인은 아내의 부모에게 효도할 생각이 없으면서 말이다.

2017년 통계청 사회지표를 보면, 여성들의 가정생활 만족도가 전체적으로 남성보다 낮았다. 배우자와의 관계에 만족하는 비율은 남성이 71.3%, 여성이 58.5%였다. 배우자 부모와의 관계에서 남성의 57.4%가 만족한다고 응답했지만 여성은 46.7%만이 만족한다고 답

가족생활에 대해 만족한다고 응답한 비율(%)			
	배우자와의 관계	배우자 부모와의 관계	가족관계 전반
남성	71.3	57.4	58.3
여성	58.5	46.7	54.7

자료: 통계청, 2017 사회지표

했다. 이는 배우자 가족 관계에서 겪는 어려움이 기혼여성의 결혼생활 만족도를 떨어트린다고 판단되는 지표가 될 수 있다. 나도 시어머니와 육아로 갈등이 심했을 때 남편과의 이혼을 떠올렸기에 이 조사 결과가 남의 일 같지 않다.

효도는 각자의 부모에게 하자. 남편을 키워준 것은 시부모고, 나를 키워준 건 친정 부모이다. 부부는 사랑으로 맺어졌지만, 상대방 부모와는 법적인 관계이다. 서로 노력해야만 애정이 생길 수 있는 관계인 것이다.

요즘 결혼하는 부부들은 이 문제를 결혼 전에 합의해서 서약하기도 한다. 예를 들면 이런 식이다.

첫째. 시가를 한 번 방문하면, 처가도 한 번 방문한다.

둘째. 처가 부모님이 집에 오시면, 시가 부모님도 초대한다.

셋째. 명절에는 양가 똑같은 금액을 용돈으로 드린다.

넷째. 명절에는 양가에 1박 2일씩 머무른다.

다섯째. 설날에는 시가를 먼저 방문하고, 추석에는 처가를 먼저 방문하다.

이렇게 하니 결혼 후 시어머니가 시가에 오라하면 처가도 한 번 가야 하니 며느리는 신나서 가고, 아들은 본인 엄마에게 며느리에게 전화하지 말아 달라고 하는 상황도 생긴다.

안부 전화

나는 성격이 사근사근하지 않다. 오히려 츤데레 스타일이라고 직원들이 말한다. 앞에서는 무뚝뚝하고 뒤로 챙겨주는 스타일이다. 그래서 친정이나 시가에 안부 전화를 잘 안 한다. 무소식이 희소식이라고 생각한다. 결혼 초에 시어머니가 전화를 자주 했으면 좋겠다고 했는데 전화를 안 하니 시어머니가 자꾸 먼저 전화를 하셨다. 그래도 안 하자, 남편에게 전화를 걸어 "안나는 왜 전화가 없니?"라고 따지듯 물으셨다. 남편이 "우리집에 전화를 자주 했으면 좋겠어"라고 말을 해서 마주 앉아 대화를 했다. "남편, 시어머니가 매일 안부 전화하라고 하는

데, 당신도 매일 처가에 안부 전화할 수 있어? 당신이 한다면 나도 할게" 말하자, 남편이 싫다고, 매일은 못한다고 했다. 그래서 "알았어. 그럼 나도 시어머니에게 안부 전화 안 할게. 당신이 매일 어머니께 전화드려"로 이야기가 마무리되었다. 그렇게 남편이 시가 안부 전화를, 친정은 내가 안부 전화를 전담하기로 했다. 아이가 좀 자란 후에는 전화로 아이들과 시부모님을 연결해주고 특별한 일이 있을 때만 직접 통화했다. 처음에는 이상하게 생각하던 시부모님도 으레 전화는 아들과 손주들이 하려니 생각하고, 며느리 전화에 크게 신경 쓰지 않게 되었다.

용돈

양가에 용돈이나 생활비 드리는 문제로 갈등 있는 집이 많다. 우리는 양가에 각자 버는 수입에 맞게 용돈을 드리고 있다. 시가는 남편이, 친정은 내가 드린다. 대략적인 비율은 양가의 경제적인 상황에 따라 다를 수 있지만, 전문가들이 말하길 각자 버는 돈의 10%를 넘지 않는 금액이 적절하다고 한다.

예를 들어 남편이 300만 원을 번다면 시가에 최대 30만 원, 아내가 400만 원을 번다면 처가에 최대 40만원을 드리는 것이다. 그래야 덜 치사하다. 결혼 초기에 양가에 용돈을 얼마 드릴지를 남편과 의논

했는데, 우리가 전세 대출이 있어 월급의 10%까지는 못 드리고 시부모님에게는 남편이 20만 원을 드리고, 친정 부모님에게는 내가 20만 원 드리기로 했다.

만약 어느 한쪽 부모님이 용돈이 필요 없다고 하면 굳이 드릴 필요 없다. 우리집도 시가는 용돈을 안 줘도 된다고 하셔서 남편은 돈이 굳었다. 그런데 친정은 노후 준비가 되어 있지 않아 내가 매달 20만 원을 드리고 있다.

그런데 용돈 때문에 친정 부모님과 갈등이 있었다. 결혼 전에는 월 100만 원씩 생활비를 드렸는데, 결혼 후에 월 20만 원만 드리니 친정에서 난리가 난 것이다. 대신 나는 유산이 필요 없으니 부모님 소유의 집을 주택연금에 가입해서 생활비를 쓰시도록 했다. 그러자 성격이 불같은 친정엄마가 딸 키워서 시집보냈더니 은혜를 모른다고 노발대발했다. 나는 이 금액 말고는 더 줄 수 없다고 딱 잘라 말하고 친정에서 온 전화를 아예 안 받고, 집에도 안 갔다. 남편에게도 내가 대처할 것이니, 전화하지도 받지도 말라고 했다.

그렇게 시간이 지나자, 손주가 보고 싶다며 엄마가 카톡을 했다. 아이를 데리고 친정에 가고, 그 후 다시 전화도 드리고 하니 그 후에는 생활비 이야기를 전혀 꺼내지 않는다. 오히려 가끔 드리는 설과, 추석, 생신 등의 추가 용돈에 고마워하신다.

내가 매월 100만 원을 친정에 드렸다면, 어땠을까? 경제적으로도 어렵고, 남편과도 갈등이 있었을 것이다. 친정에서도 당연하게 생각하지 절대 고마워하지 않았을 것이다.

제사

결혼하고 몇 달 뒤, 시어머니가 전화로 "다음 주 수요일이 할아버지 제사다"라고 하셨다. 그래서 "네, 어머니 힘드시겠네요. 음식 조금만 해서 힘들지 않게 하세요. 수고하세요"하고 전화를 끊었다. 아마 시어머니가 나에게 할아버지 제사를 말한 것은 와서 제사를 같이 지내자는 뜻이었을 것이다. 그런데 나는 시할아버지 제사 때문에 휴가를 낼 생각이 없었다.

만약 그때 무리하게 휴가를 내 제사에 갔으면 어떻게 되었을까? 시할아버지 제사를 포함하여 1년에 여섯 번 있다는 제사마다 시어머니는 전화를 했을 것이고, 그때마다 갔어야 했을 것이다. 한 번의 단호함으로 이후가 편안해졌다.

그 후 명절에 차례를 지내는데, 시어머니가 "우리 죽고 나면 제사 지내지 마라"라고 해서 대답을 하지 않았다. 시가 제사를 왜 며느리인 나에게 말을 할까? 본인 아들에게 해야 하는 말이 아닐까? 라는 생각이 들었기 때문이다. 남편이 본인 부모의 제사를 지내겠다면 공동대표로서 참여는 하겠지만, 음식을 차릴 생각은 없다. 친정 부모님에 대한 부분도 마찬가지다.

시가 방문

결혼하고 첫 명절에 시가에서 이틀을 지낸 후 집에 가려니 명절 연휴가 남았는데 왜 가냐고 타박하셨다. 그 후부터 명절이 되면 연휴 내내 시가에서 시간을 보냈다. 그런데 추석을 한 번 혼자 보내고 나서 생각이 완전히 달라졌다. 둘째를 낳고 일주일 뒤가 추석이었다. 아이가 너무 어려 둘째와 나는 집에 남고, 남편 혼자 첫째를 데리고 시가에 갔다. 연휴 3박 4일 동안 혼자 쉬니까 너무 좋았다. '연휴는 이런 것이지'라는 생각이 들었다. 나는 언제쯤이면 연휴에 시가에 안 가고 쉴 수 있을까. 명절에 시가에 안 가는 며느리 이야기가 신문에 조금씩 실리기 시작했다. 부럽다. 앞으로 명절에는 집에서 쉬겠다고 하면 무슨 일이 생길까? 혼자 상상하다 머리를 절레절레 흔들었다.

명절 외의 시가 방문에는 자유로운 편이다. 가고 싶으면 가고, 가고 싶지 않으면 가지 않는다. 남편과 아이가 시가에 가 있는 동안 혼자 편안히 쉬면서 책도 읽고 맛있는 음식도 만든다. 그러다 남편과 아이가 집에 오면 반갑게 맞아준다. 친정에 가는 것도 마찬가지다. 남편이 쉬고 싶다고 하면 그렇게 하도록 한다. 대신 최소한의 도리로 명절과 부모님 생신 때는 가족이 함께 간다. 지인 중에 명절에도 친정과 시가 다 안 가고 가족들끼리 쉬기로 한 가족이 있다. 평소에 회사 가고, 학교 가서 함께 하는 시간이 부족한데 명절까지 시가와 처가를 번갈아 가니 너무 힘들어 양가에 가지 않겠다고 했단다. 점점 명절을 보내는 풍습이 달라지고 있음이 느껴진다.

무리한 요청은 단호하게 거절하라

배우자와 자녀가 아닌 양가 부모와 그 외 친척은 손님이라고 생각하자. 그들은 가끔 찾아오고 연락하는 친한 손님이지만 가족은 아니다. 기본적인 예의는 갖추되, 손님 이상의 요청을 할 경우에는 단호하게 거절하자.

일하는 엄마에게 가장 강조하는 말이기도 하다. 시가나 친정의 무리한 요청에 응하지 말자. 무엇보다 가장 중요한 것은 우리 가족이라는 것을 남편과 자녀에게도 세뇌해라. 나와 배우자, 아이가 가장 중요하다. 가족에게 해가 되고, 불편을 끼친다면 양가 부모라도, 멀리해야 한다.

결혼이라는 것은 신체적, 정신적, 경제적으로 부모에게 완전히 독

립하는 것을 말한다. 몸은 떨어져 사는 데 정신적으로나 경제적으로
독립을 하지 못 하는 사람들이 많다. 그런 사람은 결혼을 하지 말아야
한다. 잊지 말자. 효도는 셀프다. 그리고 양가 평등하게 하는 것이다.

#5
아내에게도
아내가
필요하다

아내에게도 아내가 필요하다

일하는 엄마와 일하는 아빠가 있다. 회사 업무와 가사 노동 사이에서 헤매며 이것도 저것도 제대로 안 된다면? 아래 둘 중에 무엇을 고를까?

1. 일을 그만둔다.   2. 가사노동을 그만둔다.

대부분의 엄마는 1번을 고르고, 대부분의 아빠는 2번을 고를 것이다. 하지만 나는 엄마에게도 2번을 고르라고 말하고 싶다.

일하는 엄마가 가사노동을 그만두는 방법은 무엇이 있을까?

첫 번째. 남편과 가사노동을 정확히 반으로 나눠 부담을 줄인다.

두 번째. 남편이 회사를 힘들어한다면, 남편이 전업주부를 한다.

세 번째. 남편과 아내 둘 다 할 시간이 없다면 아웃소싱을 주자.

주 1, 2회 가사 도우미를 부르면 기본 청결은 유지된다. 전문 가사 도우미가 방문하여 청소, 빨래, 설거지, 화장실 청소, 분리수거, 정리 정돈, 옷장 정리까지 해준다. 보통 4시간에 5만 원이면 깔끔하게 해결된다. 물론 이렇게 해도 살림과 육아가 0시간이 될 수는 없다. 하지만 남편의 공동 업무와 전문가의 도움 덕분에 매일 꼭 해야 하는 집안일이 확 줄었다.

육아와 교육은 전문가의 힘을 빌리자

일하는 엄마가 공통적으로 퇴사를 크게 고민하는 두 번의 때가 있다. 바로 아이를 낳은 후와 아이가 초등학교에 들어간 직후다. 육아 휴직후 복귀할 때 어린아이를 어떻게 남의 손에 맡기나 고민이 될 것이다. 하지만 전문가를 믿으라고 충고해주고 싶다. 초보 엄마인 나와 당신들보다 그들이 베테랑이다. 그들을 믿자. 괜찮다.

아이가 세 돌이 되기 전 엄마가 직장에 다녀도, 아이의 학업이나 행동에 문제가 나타나지 않는다. 오히려 전업 엄마가 키운 아이보다 일하는 엄마의 아이들이 심리적 문제를 덜 겪는다는 연구 결과도 있다. 아이들이 외부의 보육 시설을 통해서 집에서 받을 수 없는 다양한 자극을 받게 되고, 사회적 접촉을 통해 스스로 적응하는 방법을 배우기 때문이란다. 아이가 태어난 후부터 우리는 육아 돌보미의 도움을 받을 수 있다. 출생 후부터 영유아 전담 어린이집 선생님이 아이를 보살펴 준다. 국공립 어린이집은 토요일도 오후 3시까지 보육을 해준다. 아이들 한글과 숫자 공부, 책 읽기 등 학습은 학습지 선생님이 해줄 수 있다. 초등학교에 가서도 아침 7시부터 아이들을 봐주는 아침 돌봄교실도 있고, 하교 후 저녁 7시까지 아이들을 봐주는 초등 돌봄교실도 있다. 초보 엄마보다 나은 다양한 전문가들이 있다. 전문가를 믿자.

정부지원 아이돌봄서비스

일곱 살 딸 하나를 키우는 지인이 있다. 그동안 친정엄마가 아이 등

하교를 봐주셨는데 월 60만 원을 생활비 겸 드렸다고 한다. 그런데 친정엄마와 남편 간의 갈등이 점점 심해져서 고민이라고 했다. 나는 당장 아이돌봄서비스를 신청하라고 조언했다. 아침에만 봐주는 도우미도 있고, 퇴근 시간에 픽업해서 아이하고 놀아주는 도우미도 있다. 월급 따라 다르겠지만, 아침 1시간, 저녁 2시간에 정부지원 받으면 2만 원 내외면 된다. 한 달 20일이면 40만 원인데, 그동안 친정엄마에게 드렸던 60만 원보다 적게 든다. 그러니 속 편하게 아이 돌봄 도우미에게 40만 원 주고, 친정엄마에게는 용돈으로 20만 원 드려라. 그러면 아내도 편하고, 남편도 편하고, 친정엄마도 편하고, 아이도 편할 것이다.

아이돌봄서비스는 2007년부터 여성가족부가 진행 중인 사업으로 돌보미가 집으로 찾아가 만 3개월부터 12세까지의 아동을 돌봐주는 서비스다. 이용료는 시간당 1만 원 내외인데 가정의 소득수준에 따라 정부지원금이 차등 지원된다. 나도 첫째와 둘째가 어릴 때 아이돌봄서비스를 사용해 보았다. 민간업체의 베이비시터의 시급은 1.5만 원~2만 원인데 그보다 훨씬 저렴하고 필요한 시간에만 시간제로 사용할 수 있어서 좋았다. 또 정부에서 기초 교육을 한, 신원이 확실한 사람이 온다는 점에서도 신뢰가 갔다. 하지만 매주 다른 시간에 아이돌보미를 요청했더니 매주 다른 사람이 오더라. 그래서 이후에는 가급적 정기 요일을 정해서 요청했다(모든 점이 좋았던 건 아니다. 아이가 갑자기 전염성 질병에 걸려 급하게 요청했을 때 준비된 인력이 없어 파견이 불가하다는 연락을 받은 적도 있었다).

다양한 가사 전문가

가사 도우미는 청소와 정리, 세탁 등 전반적인 가사 활동을 해준다. 요즘은 업체마다 경쟁이 치열해 평수에 상관없이 4시간에 4~5만 원대부터 가사 도우미를 활용할 수 있다. 4시간이기 때문에 대청소를 해주는 것은 아니다. 일상의 기본적인 가사 활동을 해준다. 예를 들어 빨래를 세탁해서 널어주고, 다 마른 빨래는 개어서 옷장에 넣어 준다. 청소기로 집 전체를 청소하고 설거지와 가스레인지 청소도 해준다. 요즘은 앱으로 원하는 날짜와 시간을 지정해서 부를 수 있다. 오신 분이 마음에 들지 않으면 업체에 요청해서 다른 분으로 변경할 수도 있고, 같은 분으로 계속 요청할 수도 있다. 우리집은 정기 예약을 하니 매번 같은 이모님이 오셔서 좋다. 아이들만 놓고 책 읽으며 커피를 한 잔 마시고 와도 될 정도로 믿음이 가서 편하다. 4시간 야근해서 야근 수당 받아 가사 도우미를 부르자. 그게 훨씬 더 효과적이다. 나도 내 일에서 전문가이고 가사 도우미도 그 일에서 전문가가 아닌가? 아웃소싱을 주자.

가장 많은 가사노동이 투여되는 것이 바로 요리이다. 간단하게 빵에 잼을 발라 우유만 먹었으면 좋겠는데, 한국은 왜 그리 많은 요리가 필요한지…. 아침부터 밥과 국, 반찬 3종 이상을 기본으로 하니 너무 힘들다. 그래서 나는 기본 밑반찬과 어른용 반찬은 반찬가게에서 산다. 시간이 오래 걸리는 곰탕, 갈비탕, 육개장 등도 사서 먹는다. 그렇다고 요리를 전혀 하지 않는 것은 아니다. 매일 밥도 하고, 찌개도 끓인다.

남편도 나도 다림질을 힘들어한다. 남편 옷 다림질을 신혼 때 몇 번 해봤는데 힘들더라. 남편도 몇 번 해보더니 못하겠다고 했다. 그래서 우리는 세탁소에 맡기는 방법을 택했다. 그 후 옷 다림질이나 옷 수선, 운동화 세탁, 이불 세탁 모두 다 세탁소와 수선집을 이용하고 있다. 냉장고, 세탁기, 에어컨, 침대 매트리스, 정수기 청소는 가전제품 전문 청소 업체를 이용한다. 집에서 해봤자 제대로 청소나 소독이 되는 것 같지도 않고, 무겁고 힘들기만 하다. 전문 업체를 통해서 하는 것이 노력 대비 더 좋은 효과가 난다.

#6

기저귀와
이유식을 떼니
정말 만세다

육아는 시간이 갈수록 유리하다

엄마들이여, 희망을 가져라. 육아는 시간이 갈수록 쉬워진다. 진짜다. 기저귀와 이유식을 떼니 정말 만세다. 초등학생인 첫째와 둘째에게 내가 해주는 것은 요리 밖에 없다. 차려 놓으면 혼자 먹고, 방 정리와 빗자루 걸레질도 가르쳤더니 놀이라고 생각하며 즐겁게 한다. 둘이 집 근처 마트에서 과자도 사고, 놀 때도 둘이 논다. 간식 만들어서 냉장고에 넣어두면 혼자 데워서 먹는다. 아이가 크니 자기 방 정리도 할 줄 알고, 가벼운 살림도 돕는다.

매니저 엄마 vs 코치 엄마

부모의 역할은 아이가 자신의 재능과 흥미를 찾을 수 있도록 도와 주는 것이다. 아이의 자기계발도 어른과 마찬가지로 관심과 흥미를 기반으로 해야 한다. 나도 가능한 우리 아이가 공부를 잘해서 좋은 대학과 좋은 직장을 갖기를 기대한다. 하지만 그보다 더 아이가 새로운 것을 배우는 재미를 제대로 알고 공부했으면 하고 바란다.

사회에 나와 보니 목표를 찾아가는 데는 한 가지 방법만 있지 않고 다양한 방법이 있더라. 예를 들면 교수가 되고 싶다면 대학, 대학원, 유학의 방법만 있는 것이 아니라 실무자로 먼저 경험을 쌓고 그 후 공부를 더 해서 실무경험을 바탕으로 교수가 되는 방법도 있다. 아이들에게도 목표에 다가가는 방법이 한 가지만 있는 것이 아니라는 것을 알려 주고 싶다.

일하는 엄마들이 매니저처럼 24시간 아이들과 동행할 수는 없다. 10시간 이상 떨어져 있고, 마주보고 있는 시간은 하루 5시간도 채 되지 않는다. 그러니 일하는 엄마는 반드시 매니저형이 아니라 코치형 엄마가 되어야 한다.

자녀의 자기계발

내가 자기계발에 관심을 갖게 된 것은 키워준 친정엄마의 영향이 크다. 내 기억 속 엄마는 항상 무엇인가를 배우러 다녔다. 엄마는 고등학교까지 졸업했는데 주변 친구보다 많이 배운 편이었다. 미용 자격증을 따서 내 머리카락을 직접 잘라주기도 했고, 중식·양식·한식 자격증도 따서 음식도 다양하게 해주셨다. 최근에는 복지관에 피아노를 배우러 다니고, 카카오톡을 배워 자주 톡을 보내신다. 엄마는 올해 여든 살이 되셨다. 나는 때때로 엄마에게 자기계발 끝판왕이라 말하곤 한다.

첫째 아이가 내성적인 성향이라 여섯 살 때 태권도를 하도록 설득했는데 너무 가기 싫어해서 2개월 만에 그만뒀다. 초등 1학년 때는 친구를 만들어주고 싶어 주 1회 축구 교실에 보냈는데 역시나 너무 가기 싫어했다. 왜 이 아이는 아무것도 하기 싫어하지? 라는 걱정을 하는데 아이가 피아노를 배우고 싶다고 했다. '어차피 이것도 하다가 곧 그만두겠지' 반신반의하는 마음으로 등록을 시켜주었는데, 4개월 만에 반주법을 치는 게 아닌가. 배우는 속도도 빨랐다. 이후부터는 아이가 하고 싶다는 것이 있으면 믿고 지원해준다. 꼭 시키고 싶은 교육이 있어도 두 번 정도만 권유하고 싫다고 하면 더 권하지 않는다.

아이에게 엄마는 항상 공부하고 책보는 사람으로 인식되어있다. 어느 날은 첫째가 학교 일기를 쓰는데 주제가 '가족'이었다. 일기장에는 '아빠는 텔레비전을 보고 엄마는 책 보고'라고 쓰여 있다. 엄마가 매일 책을 읽으니 첫째도 하루에 동화책 2, 3권을 알아서 본다. 첫째에게 들은 가장 기분 좋았던 말은 "나도 엄마처럼 책을 많이 읽을 거야, 나도 엄마처럼 공부 많이 할 거야. 나도 엄마처럼 나중에 책 쓸 거야" 라는 말이었다.

친정엄마의 자기계발이 나에게 전염된 것처럼 나의 자기계발이 우리 아이에게 전염되고 있다.

#7
매일 가사 NO,
매일 독서 YES

출근 전, 15분 독서

보통 저녁 10시에 아이들을 재우면서 같이 자고 아침 7시에 일어난다. 아침에 일어나면 15분 동안 책을 읽는다. 그 후 30분까지 아침밥을 차리고, 45분에 집을 나서면 8시에는 회사에 도착한다. 이것이 매일 아침의 일상이다.

헬 엘로드^{Hal Elrod}가 쓴 《미라클 모닝》을 보면 아침 6시에 일어나 1시간 동안 여섯 가지 활동을 루틴화하라고 나온다. 5분간 명상, 5분간 확신을 주는 말, 5분간 꿈의 시각화, 20분간 아침 운동, 20분간 아침 독서, 5분간 일기쓰기 등 매일 아침을 루틴화하라는 것이다. 불면증이 없어진 후 독서 시간을 확보하기 위해 억지로 1시간 일찍 일어나봤는데 지속하기 힘들었다. 그래서 일찍 일어나는 대신 아침 가사 노동을 줄이기로 했다. 아침 7시부터 15분 독서, 15분 아침밥 준비, 15분 출근 준비, 15분 출근으로 루틴화했다.

아침 독서하는 15분을 위해 알람이 울리면 즉시 일어나고, 아침밥을 간단한 음식으로 바꾸었다. 화장하는 시간도 줄였다.

자기 전, 1시간 독서

평일 저녁 6시부터 9시까지는 회사에서 야근을 하거나 집에서 저녁을 차리고 집안일을 하는 시간이다. 하지만 집안일을 하다가도 밤 9시가 되면 멈춘다. 밤 9시에 독서 알람을 맞춰놓았기 때문이다. 설거지를 하다가도 청소기를 돌리다가도 정리정돈을 하다가도 밤 9시 알람이 울리면 멈추고 한 시간 독서를 한다. 저녁 9시부터 10시까지 아이들은 둘이서 놀고, 남편은 텔레비전을 보고, 나는 독서를 한다. 그리고 10시가 되면 아이들에게 책을 한 권 읽어주고 재운다. 처음에는 내가 거실에서 책을 읽으면 아이들도 근처에서 장난감을 가지고 놀았는데, 점점 아이들도 옆에서 책을 읽는 경우가 많아졌다. 최근에는 아이들 재우는 시간을 저녁 9시로 옮기면서 독서 알람 시간도 저녁 8시로 옮겼다.

독서 지정석 만들기

엄마들은 자신만의 공간이 부족하다. 나 역시 나만의 서재를 만들고 싶었지만, 남편과 아이들을 우선 생각하느라 그러지 못했다. 그러다 거실에 소파와 텔레비전을 치우고 그 자리에 책장과 6인용 테이블과 의자를 놓아 독서 지정석을 만들었다. 1천 700권의 책을 읽은 곳이나《1천 권 독서법》을 집필한 곳도 이 지정석이었다. 보통 여성 작가들이 식탁 위에서 집필을 많이 하기 때문에 여성 작가들의 책을 '키친 노블'이라고도 말한다는데《1천 권 독서법》도 그렇게 보면 '키친 북'이라고 할 수 있다.

방에 여유가 있다면 '자기만의 공간'을 만들고, 없다면 나처럼 테이블과 의자만으로 지정석을 만들어도 좋다.

집에서 책 읽기가 집중이 안 된다면 제2의 아지트를 만드는 방법도 있다. 나는 아파트 상가 안에 있는 카페나 집 근처 도서관을 자주 다녔다. 집에서 아이들이 계속 말을 시켜 도저히 집중이 안 될 때는 "엄마 1시간만 책 읽고 올게"하고 카페나 도서관에 가서 책을 읽는다. 특히 주말 오전에는 가족들 밥을 챙겨 준 후 무조건 도서관에 갔다.

책 읽는 습관을 들이는 방법

첫 번째. 오늘부터 바로 독서 시작!

벤저민 프랭클린은 "어떤 일을 하기로 했다면 24시간 안에 그 결심과 관련된 작은 일 하나라도 반드시 실천한다"고 한다. 나도 독서 관련 강연을 듣고 '책 2천 권을 읽어야지' 결심한 그날부터 지금까지 하루 한 권 책 읽기를 계속했다. 어느덧 7년째로 1천 700권을 읽었다. 사람들은 보통 뭔가를 결심하면 D-day를 잡는다. 다이어트도 오늘부터 시작하지 않고 내일부터, 다음 달 1일부터, 하반기부터 시작하겠다고 결심하는데 그런 경우는 대부분 실패한다. 만약 당신이 이 책을 읽고 독서를 하겠다는 결심을 한다면 바로 오늘부터 24시간 안에 시작해야 한다.

두 번째. 멈추었다가도 다시 읽자

처음 1천 권의 책을 읽기까지 걸린 시간은 1,362일이었다. 원래 계획보다 362일이 더 걸렸으니 1년이 더 걸린 셈이다. 그래도 중단하지 않고 반복하면서 읽었더니 결국 끝을 보게 되었다. 책 읽기를 시작한 지 7년이 되었는데 지금도 매일 한 권씩을 읽는지 물어본다면 내 대답은 '아니다'이다. 주중에는 하루 한 권을 읽는 날 보다 읽지 못하는 날이 더 많다. 그렇지만 주말에 집중 독서를 하거나, 휴가를 내서 독서하는 방법으로 계속해서 책을 읽고 있다. 나는 '책밥'이라는 말을 좋아한다. 그래서 하루 한 권 책 읽기를 '하루 한 권 책밥을 먹는다'고 표현한다. 우리가 살기 위해 죽을 때까지 '밥'을 먹어야 하는 것처럼, 제대로 살기 위해선 죽을 때까지 '책밥'을 먹어야 한다.

세 번째. 중장기 목표를 세우고, 셀프 인센티브

독서 목표를 세울 때 '매일 책을 읽는다'는 단기 목표만 세우면 하루만 실패해도 결심이 흔들릴 수 있다. 작심삼일로 끝나기 딱 좋다, 그렇지만 일주일, 한 달, 1년 주기로 중장기 계획을 세우면 하루 책을 읽지 못하더라도 중장기 계획이 있기 때문에 다시 책을 읽을 수 있게 된다. 그러니 독서 목표는 중장기 목표를 세우는 것이 좋다. 중간에 실패하는 날이 있더라도, 멈추지만 않으면 언젠가는 이루는 날이 반드시 온다.

단기, 중기, 장기 목표를 달성할 때마다 스스로 상을 주는 방법도 동기부여가 된다. 나는 한 달, 독서 30권을 달성하면 미니어처를 샀다. 일종의 트로피 같은 것이다. 100권을 읽을 때마다 10만 원짜리 선물을 스스로에게 줬는데 이 방법은 동기부여와 목표 달성에 매우 효과적이었다. 아래 표는 내 블로그 이웃들의 독서 목표와 셀프 인센티브이다. 참고하여 독서 목표와 셀프 인센티브 목표를 세워보자.

	독서 목표	셀프 인센티브
중학생	20권	용돈 2만 원
대학생	32권	공연관람권
성인 1	100권	만년필
성인 2	42권	혼자 여행

처음 책 읽기, 무슨 책을 읽을까?

《1천 권 독서법》 강의를 하러 가면 많이 받는 질문이 "작가님이 읽었던 책 중에서 추천하고 싶은 책은 무엇인가요?"와 "무슨 책부터 읽어야 할까요?"이다.

독서는 정말 개인의 취향이라 다른 사람이 대신해서 골라주기는 어렵다. 하지만 독서를 처음 시작하는 사람에게 가장 중요한 것은 읽기 싫은 책을 읽지 않는 것이다. 책을 펼쳤는데 무슨 말인지 모르겠으면 읽지 않기로 하자. 그래도 되냐고? 당연히 된다. 해마다 새로 나오는 책이 8만 종이 넘는 시대에 그런 책 한 권 안 읽는다고 무슨 일 생기지 않는다.

처음 책을 읽을 때, 가장 부담 없이 읽을 수 있는 책은 베스트셀러이다. 베스트셀러 중에서 내가 관심 있는 분야부터 시작하기를 권한다. 베스트셀러는 최근에 나온 책 중에서 많이 팔리는 책을 말하는데, 대중성을 기반으로 하므로 쉽게 쓰인 책들이 많다. 서점에서 베스트셀러 순위에 있는 책들은 먼저 살펴보자. 어렵지 않게 술술 익히는 책이 많을 것이다.

나는 이유식, 자녀 육아, 요리, 인테리어, 부부 관계, 고부 갈등, 독서법, 직장인 자기계발서 같은 개인적인 관심사와 관련된 베스트셀러들을 먼저 읽었다.

베스트셀러는 일종의 이유식 같다. 이가 없는 아이도 잘 먹을 수 있도록 잘게 다져서 입에 넣어주는 이유식이 베스트셀러다. 하지만 이유식만 먹으면 이도 튼튼해지지 않고, 연령에 맞는 충분한 영양소를 섭취하기 어렵듯, 베스트셀러만 읽으면 깊이 있는 독서는 힘들다. 조금 더 깊이 있게 읽고 싶다면 '스테디셀러'로 옮겨보자. 베스트셀러가 현재를 기준으로 많이 팔리는 책이라면, 스테디셀러는 그동안의 판매량을 누적해서 다년간 많이 팔리는 책이다. 베스트셀러처럼 쉽게 읽히지 않아도 깊이 있게 읽을 수 있는 책도 많다.

기 적 을 만 드 는 엄 마 의 책 공 부

3부

나는 독서로
'연봉 1억'을
달성했다

· 독서 솔루션 2 ·

일하는 시간에 틈새 독서하기

직장의 장점을 100% 활용하자.

출퇴근길 15분, 업무 전 30분, 점심시간 45분, 퇴근 전 30분만 독서해도 하루

2시간 틈새 독서를 할 수 있다.

내가 돈을 벌어야
주체적으로
살 수 있다

경제적으로 독립해야 주체적으로 살 수 있다

"남편이 돈을 잘 벌면 안 벌어도 되지 않나요?"

"시부모님 돈이 많은데 굳이 내가 벌 필요가 있나요?"

착각하면 안 된다. 그 돈은 내 돈이 아니다. 주변의 엄마들 중엔 전업주부로 정말 힘들게 독박 육아와 살림을 하면서도 남편에게 큰 소리 못 치고 사는 사람이 많다. 경제적인 자립력이 없기 때문이다. 남편이 돈을 번다고 생색내거나, 부모님이 유산을 빌미로 나를 옥죈다면 못살 것 같다.

나는 남편에게 경제적으로 독립되었다. 그래서 혼자 해외여행도 갈수 있고, 원할 때 대학원도 갈 수 있었다. 하고 싶은 것이 생겨 하기로 마음을 먹으면 예의상 남편에게 물어보긴 하지만 사실상 통보이다. 내 돈으로 내가 하는데 어떻게 막을 것인가?

출산과 육아에 대한 복지가 비교적 잘되어 있는 북유럽은 여성들의 취업률이 높다고 한다. 하지만 다른 이유도 있다. 국민연금이나 건강보험이 한국처럼 가입자 한 사람의 가족 구성원으로 받을 수 있는 구조가 아니라 1인당 1개씩 가입을 받게 되어있다. 그래서 모든 사람이 가능하면 직장을 가진다고 한다.

평등한 부부 관계는 **경제적 독립**으로부터 시작된다.

일하는 엄마가 가장 많이 하는 고민은 무엇일까?

일하는 엄마로 살다 보면 하루에도 크고 작은 문제가 생긴다. 일하지 않는 엄마라면 생기지 않았을 것 같은 문제들 앞에서 '일하는'이라는 글자를 두고 고민을 하게 된다.

주변의 전업 엄마에게 왜 일을 하지 않냐고 물어보면, "결혼 전엔 직장을 다녔지만 결혼하고 애 키우느라 그만뒀다"라고 말한다. 그렇게 희생하며 키운 아이가 컸을 때 '아, 우리 엄마가 나를 돌보느라 일을 못하셨구나. 엄마에게 더 잘해야지'라고 생각할까? 아니다. 요즘 아이들은 "엄마는 왜 집에 있어? 은규 엄마는 직장 다니고, 시원이 엄마는 박사 학위도 받았다는데?"라고 얘기한다. 실제로 우리 회사의 40대 신입직원 중에는 딸에게 이런 말을 듣고 전업을 그만두고 들어오신 분도 있다.

아이들이 알아주지 않는다면 남편은 나의 희생을 알아줄까? 전혀 아니다. 남편도 "나 혼자 돈 벌어 마누라 좋은 일만 시키는 것 같아. 우리 마누라도 나가서 돈 좀 벌었으면 좋겠어"라고 말하고 다닌다.

전업 엄마들이 들으면 기가 찰 말이지만, 아이도 남편도 그렇게 생각하고 말하는 게 현실이다. 아이와 남편은 분명 내가 배려해야 할 대상이지만 내 삶의 방향을 결정지을 때의 절대적 판단 기준은 아니다. 내 삶의 주체는 부모도 남편도 아이도 아닌 바로 '나 자신'이기 때문이다.

일하는 엄마에게
일을 계속할지를 묻는 것은 성차별이다

취업포털사이트인 인크루트가 2018년 3월 여성 구직자 593명을 대상으로 '남성보다 여성의 취업 장벽이 더 높다고 생각하는가?'라는 설문 조사를 했는데 응답자의 93%가 그렇다고 대답했다. 그중에는 면접에서 여성에게만 결혼 시기를 물어보거나 결혼과 출산 후에도 직장을 계속 다닐지 등의 차별섞인 질문을 받기도 했다고 한다.

'여성의 사회진출'이라는 말은 많이 들어봤을 것이다. 하지만 '남성의 사회진출'이란 말을 들어봤는가? 남성에게는 사회진출이라는 단어를 사용하지 않는다. 왜? 당연한 일이기 때문이다. 사실 '일하는 엄마, 직장을 계속 다녀야 할까?'라는 질문 자체가 성차별을 내포하고 있다. 여성은 아이를 낳으면 왜 선택을 강요받아야 하는 걸까? 남성에게는 결혼을 하거나 아이가 생긴 후 일하는 아빠가 될지 전업 아빠가 될지 물어보지 않는다. 오히려 일하지 않던 사람도 일해야 한다고 말한다. 그것이 상식적이다.

저출산으로 나라가 시끄럽다. 어떤 사람은 저출산의 원인이 이기적인 여자들 때문이라고 한다. 여자들이 사회생활한다고 애를 안 낳아서 그렇단다. 기가 찰 노릇이다.

2018년 정부에서 진행한 〈저출산 정책 패러다임 전환을 위한 토론회〉에서 발표된 내용을 보면, 여성의 고용률이 올라갈수록 출산율도 올라간다는 내용이 나온다. 프랑스에서 여성고용률이 55%일 때 출산율이 1.7명이었는데 여성고용률이 60%로 오르자 출산율이 2.1명으로 반등했다. 영국의 여성고용율이 60%일때는 출산율이 1.7명이었으나 고용율이 68%로 오르자 출산율이 1.9명으로 증가했고, 스웨덴도 여성고용율 70%일 때는 출산율이 1.7명이었다가 고용율이 80% 로 상승하자 출산율도 2명으로 늘었다. 여성이 일할 수 있는 환경으로 바뀌어야 저출산 문제도 해결점이 보일 것이다.

애를 둘이나 낳고도 회사 다니는 독한 여자

어느 날 회사 상사가 "다른 직원들은 애 둘 낳으면 대부분 퇴사하는데, 전 과장은 아직도 다니네? 전 과장 독하다"라고 말 했다.

"리더님, 남자 직원이 애 둘 낳고 직장 다니면 독한 건가요? 그러면 사장님과 부장님도 독하시네요. 애 둘 낳으면 직장을 더 열심히 다녀야죠. 제가 여자라서 이렇게 말씀하시는 건가요?"

내 대답을 들은 상사는 매우 당황했을 것이다. 그와 15년을 함께 일한 사이였기에 상사의 말이 "너 아직도 회사 다니니? 이제 그만 퇴사해라"는 뜻이 아니라는 건 알고 있다. 어쩌면 상사는 "다른 여자직원들은 육아 휴직 후 많이 퇴사 하는데, 잘 다녀줘서 고맙다"라는 칭찬의 마음으로 건넨 말이었을 수도 있다. 하지만, '애를 둘이나 낳고도 회사 다니는 독한 여자'라는 표현은 절대 해서는 안 되는 것이었다. 더

구나 이런 말이 성차별적인 발언이라는 것을 그가 전혀 인식하지 못하는 것 같아 꼭 짚어주고 싶었다.

돌아올 자리는 없다

아이가 초등학교에 입학할 때쯤 일을 그만두었다가 어느 정도 컸다는 생각이 들면 다시 일자리를 찾는 엄마들이 많다. 자녀가 초등학교에 들어가면 엄마들의 나이가 보통 35~45세 사이이다. 경력단절 전의 일이 전문직이라면 비슷한 조건으로 재취업을 하거나 창업을 할 수도 있지만, 그렇지 못한 경우엔 대부분 경력단절 이전의 일을 하지 못한다. 그러면 주로 비정규직의 낮은 급여의 일자리로 갈 수밖에 없다.

2019년에 주 18시간 미만 취업자가 136만 명으로 전체 노동자의 5%를 처음 넘어섰는데 그 이유가 경력단절여성 등 취업 취약 계층이 양질의 일자리를 찾지 못해서라고 한다. 주당 18시간 미만 취업자 중 여성이 86만 명으로 남성보다 1.7배 높다. 즉, 경력단절여성 등 취업 취약 계층의 여성들은 보수가 적고, 고용 안정성이 떨어지는 일자리에 들어가는 경우가 많다는 말이다. 아이들이 초등학교 고학년이 되면 집 안에서의 역할이 작아질 수밖에 없어 전업만 하기엔 아무래도 눈치가 보인다. 억지로 등 떠밀려 사회로 나오는 엄마들도 많다.

이쯤에서 냉정하게 생각해보자. 경력단절이 없었다면 당신은 경력에 맞는 좋은 직장에서 안정적으로 일하고 있을 것이다. 하지만 경력단절이 되는 순간 새로운 분야에서 다시 신입이 되어야 한다. 최저임금부터 시작되고, 풀타임이 아닌 파트타임부터 시작해야 한다.

전업엄마와 경력단절엄마가
취업 시 받는 불이익

2018년 미국 노스캐롤라이나대학에서 전업엄마와 경력단절여성이 재취업을 원할 경우 어떤 상황에 직면하는지를 알아보기 위한 연구를 진행했다.

실험에 참가한 여성들을 경력단절 없이 계속 일한 경우, 일을 그만두고 18개월간 실업 상태인 경우, 계속해서 전업이었던 경우로 나누고 동일한 이력서를 3,000곳의 기업에 보내는 실험이었다. 계속해서 일한 여성에게 인터뷰 요청이 온 것은 15.3%, 경력단절여성에게는 9.7%, 전업주부였던 여성에게는 4.9%의 인터뷰 요청이 왔다.

기업들은 경력이 단절되거나 집에서 살림하는 부모를 계속 일한 부모보다 유능하지 않다고 본다.

나는 왜 일을 하는가?

일하는 이유를 분명히 하자. 나는 근본적으로 나를 위해 일한다. 돈을 벌어 원하는 것을 할 수 있어 좋다. 일을 통해 사회의 건설적인 일원이 되는 것도 뿌듯하다. 직장에서 승진하고 인정받는 과정에서 내가 쓸모 있는 인간이라는 생각이 들어 좋다. 일하는 것이 성장하는 시간, 의미 있는 시간이기 때문에 나는 일을 한다.

사회복지사로서 많은 사람들을 만난다. 주로 저소득층의 아이들을 만나는데, 가정 형편이 남들보다 어렵다고 느끼는 아이들 중에 부모를 원망하는 경우를 많이 봤다. "왜 우리집은 가난할까? 왜 우리 부모는 부자가 아니야? 내가 재벌 2세라면 정말 좋을텐데…"라며 부모를 원망했다.

그러면 나는 "너희 부모가 재벌이면 너는 재벌 2세밖에 못되지만, 너희 부모가 재벌이 아니기 때문에 너는 재벌 1세가 될 수 있어. 선생님도 재벌 1세가 되는 게 목표야"라고 말한다. 그러면 아이들은 피식 웃는다.

왜 부모가 재벌이 아니냐고 원망하면서, 자신이 재벌이 될 생각은 하지 않는다. 수십 년 후 그 아이는 자신의 아이에게 똑같은 원망을 들을 뿐이다. 그러니 스스로 재벌 1세가 되자. 꼭 돈을 많이 버는 것만을 말하는 것은 아니다. 성공한 전문가가 되어 내 덕을 가족들이 보게 하는 방법도 있다. 남편을 고위직으로 만들고 아이를 전문직으로 만드는 대신 엄마인 내가 고위직이 되고, 전문직이 되자. 남편이 고위직이면 뭐하나. 남편과 이혼하면 물거품이 되고, 자녀가 결혼하면 전문직 엄마도 허울뿐이다. 하지만 스스로 전문직에 오른다면 다른 사람에 따라 휘둘려질 필요가 없다.

나에게 일이 주는 유익은 무엇일까?

16년째 일을 하는 나에게 직업이 주는 유익은 무엇일까. 첫 번째는 '돈'이다. 내가 버는 돈은 가족 경제에 큰 축을 차지하고 있다. 그래서 배우자가 큰 부담 없이 퇴사를 하거나 창업을 결심할 수 있었다. 또한 배우고 싶거나, 사고 싶거나, 여행 가고 싶은 것이 있으면 내가 번 돈에서 다 할 수 있다. 책을 사서 읽는 것을 좋아해서 1년에 100~200권 정도를 사는데 그렇게 산 책으로 책장을 사서 꾸미고, 거실을 서재처럼 인테리어도 했다. 내가 버는 돈이 없었다면 책을 싫어하는 남편은 절대 서재 인테리어를 찬성하지 않았을 것이다. 두 번째는 '자기계발'이다. 회사에서는 직원들의 역량을 높여서 활용하기 위해 끊임없이 발전하라고 요구한다. 내가 다니는 회사에서도 한 달에 한 권의 책을 전 직원이 읽고 독서토론을 한다. 1년에 60시간 이상 외부 교육을 하고, 경력이 되면 대학원도 가라고 지원한다. 회사에 다니기 위해서는 끊임없이 자기계발을 해야 하는데 가장 좋은 방법이 바로 책 읽기이다. 그러니 자발적이든 비자발적이든 책 읽기는 계속할 수밖에 없다. 지인 중에 일하는 50대 여성분이 있는데 "전업주부인 친구들은 갱년기를 호되게 앓았는데 나는 갱년기인 줄도 모르고 지나갔어. 얼굴이 조금 화끈하네? 땀이 조금 나네? 이랬는데 그때가 갱년기였다고 하더라고"라고 말하기도 했다. 세 번째는 '다른 사람을 돕는 것, 사회에 이바지하는 것'이다. 대학에 다닐 때부터 아울렛에서 물건을 팔거나 도서관 보조, 학생 과외, 초등학교 돌봄 보조 등 다양한 아르바이트를 경험했다. 아울렛에서 물건을 파는 일은 물건을 사고자 하는 고객을 돕는 일이다. 내가 없다면 고객들은 물건에 대해 정확한 정보를 얻기 어려울 것이고 물건을 사기 위해 멀리 있는 곳까지 가야 할 것이다. 도서관 아르바이트는 책을 찾는 학생들과 교직원을 돕는 일이다. 내가 없다면 학생들과 교직원들은 책을 잘 찾지 못하고, 공부에 필요한 책을 읽지 못할 것이다. 과외는 학부모의 걱정을 덜어주고 학교 수업을 따라가지 못하는 학생들이 공부할 수 있게 도와 주는 일이다. 이렇듯 우리가 하는 일은 어떤 일이든지 다른 사람을 돕고 나아가 사회에 이바지하는 일이다. 당신에게 당신의 직업이 주는 유익은 무엇인가?

#2
일하는 유통기한을
독서로
늘릴 수 있다

직장인 평균 근속 5~6년

우리나라 직장인은 한 회사에 평균 5~6년을 일하고, 평생에 3~5번 정도 이직을 한다. 지금은 평생직장은 없고, 평생직업이 있는 시대다. 그렇기 때문에 개인의 역량을 높이는 일은 중요하다. 남들 두 걸음 걸을 때 한 걸음만 걸으면 뒤로 처지기 십상이다. 최소한 두 걸음은 걸어야 같이 걸을 수 있다.

취업포털사이트 커리어가 직장인 715명을 대상으로 자기계발이 필요하냐고 묻는 조사에 98.5%가 필요하다고 대답했으며 48.5%의 직장인은 이미 자기계발을 하고 있다고 답했다. 통계적으로 당신이 자기계발을 하지 않는다면 바로 옆자리 동료는 꾸준히 자기계발을 하고 있다는 얘기다.

일하는 엄마의 유통기한

여성에 대한 유리천장은 여전하다. 유리천장이란 '눈에 보이지는 않지만, 결코 깨뜨릴 수 없는 장벽'이라는 의미를 가진 경제용어이다.

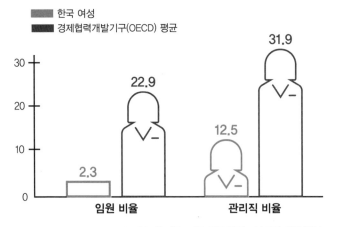

한국 여성의 유리천장 지수(%)

■ 한국 여성
▨ 경제협력개발기구(OECD) 평균

임원 비율: 2.3 / 22.9
관리직 비율: 12.5 / 31.9

※ 2019년 2월 기준   자료: 영국 이코노미스트지, 여성가족부

충분한 능력과 자질을 갖춘 여성이 고위직으로의 승진이 차단되는 상황을 비판적으로 표현한 말이다.

2019년 영국 이코노미스트가 직장 내 여성차별 수준을 뜻하는 〈유리천장 지수〉를 발표했는데 한국은 100점 만점에 20점 남짓을 받아 회원국 중 꼴등을 차지했다. 참고로 경제협력개발기구(OECD)의 유리천장 지수 평균은 60점이다.

이런 상황에는 여성들의 경력단절도 큰몫을 하고 있다. 기업에서의 승진 조건은 경력유지가 필수인데 여성의 경우 경력단절이 많아 승진을 시키고 싶어도 시킬 수 없다는 것이다. 그러니 여성들이여, 유리천장을 두드리기 위해서라도 경력을 단절하지 말자. 공부도 경력도 엉덩이로 한다. 오래 살아남는 것이 이기는 것이다. 내 머리가 유리천장에 닿기 전에 중단하지 말고, 유리천장에 닿고 버텨서 부숴 버리자.

퇴사 이후 내 삶은?

최근 퇴사에 대한 책이 유행처럼 번지고 있다. 대부분 퇴사한 후 경제적인 활동 없이 작은 것에 만족하며 살라는 내용이거나, 자신이 진정으로 원하는 직업을 찾아 새롭게 시작하라고 권하는 내용이 많다. 그런 책들은 보통 미혼, 혹은 비혼자들이 쓴 경우가 많은데 우리처럼 결혼하고, 책임져야 하는 아이가 있는 엄마들은 아무래도 적용하기 힘들다.

이정현 작가의 《심리학, 열입곱살을 부탁해》라는 책을 보면 미국에는 '천직을 위한 휴가(Vocation Vacations)'라는 여행상품이 있는데 평소 관심이 많았던 직업이나 꿈으로 간직했던 직업을 직접 체험해볼 수 있는 상품이라 한다. 하지만 여기서 체험을 한 후 직업을 옮긴 사람은 별로 없다고 한다. 왜 꿈꾸던 일을 포기하고 말았을까? 그들은 말 그대로 꿈만 꾸었기 때문에 받아들이지 못했다. 영화 〈악마는 프라다를 입는다〉의 안나 윈투어 Anna Wintour 같은 멋진 편집장을 꿈꾸며 취업했는데 실제로는 옷과 신발을 삼십 번씩 나르고, 매일 촬영장을 청소하고, 선배 심부름을 해야 한다면? 원하던 일을 하면 마냥 신나고 재미있을 것이라 생각하지만 실제 현실은 상상과는 다르다.

일하는 엄마의 유통기한을 독서로 늘리자

독서하는 시간은 나를 위한 투자이다. 아무래도 엄마들은 자신의 물건보다는 아이나 남편 것을 먼저 사고, 투자도 자식을 위한 투자를 먼저 한다. 그렇지만 절대 양보해서는 안되는 투자가 있다. 바로 '독서 투자'이다. 독서는 큰돈 들이지 않고, 집에서 아이들을 돌보며 할 수 있고, 회사에 가서도 할 수 있다.

"제 나이가 마흔인데, 아이 둘을 낳았더니 뇌가 굳었는지 책이 머릿속에 들어오지 않아요" 이런 말은 핑계에 불과하다. 세계 유수의 뇌신경학자들이 발표한 뇌 가소성(Neuro plasticity)을 보면 인간의 뇌는 성인이 되어도 훈련하는 대로 달라지며, 근육처럼 키울 수 있다고 한다. 나이가 들어도 계속해서 학습한다면 뇌는 더 좋아질 수 있다는 뜻이다. 지금 책이 잘 읽히지 않는 것은 그동안 책을 읽지 않았기 때문이다. 지금부터 꾸준히 책을 읽으면 반드시 나아진다.

#3

나는
1년에 두 번
이력서를 쓴다

나를 항상 최신으로 만들자

1년에 두 번 이력서를 쓴다. 하지만 다른 회사에 제출한 적은 없다. 직장을 옮기지도 않을 거면서 왜 이력서를 새로 쓰냐고? 이력서에 상반기 한 줄, 하반기 한 줄을 새로 넣는 것이 목표이기 때문이다. 자격증이든, 교육이든, 강의든, 원고작성이든 무엇이든 이력서에 넣을 만한 수준의 자기계발을 하기 위해 나는 1년에 두 번 이력서를 쓴다.

이력서를 다시 쓴다는 것은 나를 업데이트를 한다는 것이다. 업데이트는 '최신으로 만들다'라는 뜻이다.

업데이트하는 다른 방법으로 잡크래프팅(Job Crafting)을 하는 방법이 있다. 잡크래프팅은 하고 있는 업무를 자신의 방식으로 재해석하는 것을 말한다. 자신의 강점이나 동기를 중심으로 업무를 개선하고 혁신적인 아이디어를 발견하는 것이다. 나는 일 처리 속도가 빨라서 정해진 기한보다 빨리 끝내는 편이고, 반복적으로 같은 일을 하면 무료해 하는 타입이다. 그래서 반복적인 일의 업무시간을 줄여 새로운 일을 찾는다. 그러기 위해 자발적으로 팀의 새로운 업무를 맡거나 찾아서 진행한다.

독서로 이력서 다시 쓰기

7년 전 하루 한 권 책 읽기를 시작한 날부터 항상 5년 뒤, 10년 뒤의 나를 준비한다. 미래는 어느 날 갑자기 오는 것이 아니다. 현재의 작은 선택이 쌓이고 쌓여 미래가 오는 것이다. 현재의 삶은 과거의 결과물이다. 그렇다면 미래의 삶은 언제의 결과물일까? 바로 오늘 한 선택의 결과물이다.

'독서'로 인해 나의 이력서는 어떻게 달라졌을까?

　✅ 2013년. 하루 한 권 책 읽기를 하고 있다는 것이 이력서에 추

가되었다.

- ☑ 2016년. 내가 일하는 분야인 사회복지 강사로 일하게 된 것이 이력서에 추가되었다.
- ☑ 2017년.《1천 권 독서법》을 출간한 것이 이력서에 추가되었다.
- ☑ 2017년. 독서법 강의를 하는 것이 이력서에 추가되었다.
- ☑ 2018년. 독서지도사, 독서토론지도사 자격증을 취득한 것이 이력서에 추가되었다.
- ☑ 2018년. 독서토론을 위해 만든 '하루 한 권 책밥'이라는 비영리 단체의 대표라는 것이 이력서에 추가되었다.
- ☑ 2019년, 온라인 칼럼 〈전안나의 똑똑한 독서법〉을 집필하는 것이 이력서에 추가되었다.

그렇다면 앞으로 '독서'로 나의 이력서는 어떻게 달라질까?

- ○ 예순 살이 될 때까지 1만 권의 책을 읽을 것이다.
- ○ 매년 책 집필과 강의가 추가될 것이다.
- ○ 다른 사람의 독서를 돕는 독서사회사업가가 될 것이다.

#4

일하는 엄마에게는
퍼스널 브랜딩이
중요하다

퍼스널 브랜딩의 시대

버지니아 울프가 살았던 1918년 이전의 여성들은 봉투에 주소를 쓰고, 노(老) 부인들에게 책을 읽어주며 몇 파운드를 버는 것이 유일한 일거리였다고 한다. 여성이 개인의 특성과 장점에 따라 일을 하는 것은 꿈도 못 꿀 시기였다. 지금은 시대가 바뀌었다.

감옥에서 20년간 복역했던 신영복 작가는 '감옥의 장기수들도 기술자가 되어야 한다. 기술자라야 공장의 필수 요원이 되고 이리저리 떠밀리지 않는다'라고 이야기했다. 사회에서도 대체 불가능한 전문가가 대접받는다. 이때 필요한 것이 바로 퍼스널 브랜딩(Personal Branding)이다. 퍼스널 브랜딩은 자신을 브랜드화하여 특정 분야에 대해 다른 사람(대중)이 자신을 떠올릴 수 있도록 만드는 과정을 말한다. 거창하게 들릴지 모르지만 사실 모든 사람에게는 이미 자신만의 퍼스널 브랜드가 있다. 나에 대한 이미지와 평판이 결합하여 다른 사람들이 나를 어떻게 인식하고 있는지 살펴보면 그것이 바로 나의 퍼스널 브랜드이다. 개인의 퍼스널 브랜드는 한 사람의 특성이나 재능, 가치의 특정한 면 중 하나가 다른 사람에게 영구적으로 인식되는 것을 말한다. 실제로 그 사람의 모든 면을 말하는 것은 아니다. 포인트는 실제의 당신이 아니라 다른 사람에게 어떻게 인식된 당신이냐인 것이다.

왜 퍼스널 브랜딩일까?

제4차 산업혁명시대(The Fourth Industrial Revolution)를 맞아 정해진 공간, 정해진 시간에서 일하지 않고 자유로운 공간과 시간에서 일하는 이른바, 노마드족(Nomad)이 뜨고 있다. 노마드란 디지털 기기를 들고 다니며 시공간의 제약을 받지 않고 자유롭게 일하는 사람을 말한다. 1인 기업가라고 할 수 있는 이들은 제한된 삶의 방식에 매달리지 않고 끊임없이 자신을 바꾸어 간다. 우리도 곧 지금처럼 한 회사에 고

용되어 일하지 않고, 자유롭게 이동하며 일하는 1인 기업가가 될 수도 있다. 그렇게 되면 계약을 통해 프로젝트별로 업무수행을 하게 된다. 예를 들어 기획팀에서 업무 담당자를 정해 기획 회의와 시장조사 분석 등을 진행한다면 업무 담당자가 내부 직원이 아니라 1인 기업가가 맡아 진행하게 될 수도 있다는 말이다. 즉, 우리는 계속해서 선택받아야만 일할 수 있게 된다. 어떤 직장인에게는 위험으로 생각되겠지만, 일하는 엄마에게는 기회일지도 모른다.

나는 자녀 출산 후 경쟁력이 더 커졌다

대나무의 한 종류인 모죽(毛竹)을 아는가? 모죽은 몇 년간 아무 흔적 없이 자라다가 어느 순간에 도달하면 순식간에 성장한다고 한다. 나 역시 긴 시간 동안 흔적 없이 지냈다. 결혼하고 아이를 키우면서 우울증과 불면증으로 시간을 보냈다. 하지만 지금은 책을 통해 순식간에 성장하고 있다. 오히려 결혼과 출산 후 경쟁력이 더 커졌다. 연애와 결혼을 고민해야 하는 미혼 여성 직장인들보다 그 긴 과정을 이미 건너온 사람으로서의 여유와 안정감이 있기 때문이다.

워렌 버핏Warren Buffett, 조지 스로스George Soros와 함께 세계 3대 투자자로 알려진 짐 로저스Jim Rogers는 자신의 인생 철학을 이렇게 얘기한다.

"나는 늘 자유를 꿈꿔왔다. 하지만 재정적으로 뒷받침이 되어야 진정한 자유를 얻을 수 있다고 생각했다. 그래서 열심히 일했다. 지금은 세계 일주를 하는 등 하고 싶은 것을 하며 자유롭게 살고 있다."

나 역시 이런 삶을 꿈꾼다.

무엇으로 기억되고 싶은가?

나는 '열정적인 전문직 여성'으로 퍼스널 브랜딩하려고 노력한다. 그래서 가급적 정장을 입고 구두도 꼭 착용한다. 어느 자리에서도 에너지 넘치고 준비가 된 사람으로 보이기 위해 노력한다. 그러기 위해선 외면과 내면 모두 갖춰져 있어야 한다고 생각하기에 옷을 갖춰 입고 하루 한 권 책 읽기를 한다. 보이지 않는 물속에서는 엄청난 물장구질을 하고 있지만, 겉으로는 여유 넘치는 우아한 백조로 보이게끔 말이다.

퍼스널 브랜딩이 너무 어렵게 느껴진다면, 무엇으로 기억되고 싶은가를 생각해보자. 당신이 퇴사한 후, 동료직원이 당신을 어떻게 기억하길 원하는가? 당신의 동료가 누군가에게 당신을 소개한다면 어떤 말을 해주길 바라는가? 당신이 죽은 후에는 묘비에 어떤 말이 쓰이고, 당신의 가족들에게 당신은 어떤 사람으로 추억되길 바라는가?

오늘의 하루가 5년 뒤, 10년 뒤에 걸을 길의 첫 걸음일 수도 있다.

하루 한 권 책 읽기를 시작했던 2013년의 나와 2019년의 나는 전혀 다른 퍼스널 브랜드를 갖고 있다. 계속해서 책을 읽는 한, 앞으로도 계속해서 업데이트될 것이다.

하루에 한 권 책 읽기를 하고 나서부터는 나에 대한 주변 사람들의 인식이 달라지는 걸 느낀다. 스스로도 7년 전의 내가 아니라고 생각한다. 책을 읽을 때마다 눈치를 주던 남편이 이제는 책을 읽고, 원고를 쓴다고 하면 살림과 육아를 알아서 하며 배려한다. 나를 무시하던 시어머니도 인정해준다. 회사 대표도 집필과 강연으로 바쁜 나에게 이러다 혹시 퇴사하는 거 아니냐는 걱정의 말을 건네기도 한다. 나는 그저 열심히 책만 읽었을 뿐인데 말이다. 지금껏 1천 700권의 책을 읽은 나의 변화가 이렇게 놀라울 정도이니 앞으로 2천 권을 읽고, 3천 권을 읽어나가게 될 5년 뒤, 10년 뒤의 나는 어떻게 발전되어 있고, 나는 어느 위치에 서 있을까? 그날이 기대된다.

#5
누구나 직장에서
하루 2시간
책을 읽을 수 있다

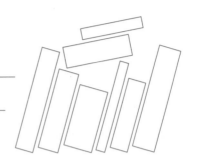

틈새 독서, 2시간

일하는 사람도 직장에서 매일 2시간은 책을 읽을 수 있다. 어떻게 가능하냐고? 지금부터 내가 사용하는 직장인 틈새 독서 방법에 대해 얘기하겠다. 직장인은 기본적으로 출근 전 시간, 점심 시간, 퇴근 후 시간으로 나누어 볼 수 있다. 출근길과 퇴근길 버스에서 각각 15분씩을 책을 읽는 데 사용한다. 업무 시작보다 30분 일찍 출근해서 독서를 한다. 점심시간으로 사용하는 휴식 시간 중에 식사하는 시간은 15분 정도이고, 나머지 시간엔 독서를 한다. 퇴근 시간에는 컴퓨터를 끈 후

30분 독서를 한 후 집에 간다. 이렇게 회사에 있는 시간 동안을 잘만 활용해도 매일 2시간 이상은 거뜬히 책을 읽을 수 있다. 물론 어떤 날은 회사에 늦을 수도 있고, 어떤 날은 점심에 손님이 찾아올 수도 있고 어떤 날은 정시에 바로 퇴근해야 할 수도 있다. 하지만 기본적으로 출퇴근과 업무시간 전, 점심 후, 퇴근 시간을 독서하는 시간으로 생각하고 실행했을 때와 그렇지 않을 때의 독서 시간 차이는 매우 크다.

직장 독서, 눈치 보여요

직장에서 책을 읽을 때 무엇이 가장 신경 쓰일까?

"다른 동료들이 뒤에서 뭐라고 할까 봐 신경 쓰여요"
"점심시간 밥만 먹고, 나머지 시간엔 자기 할 일 하는 직원 얄밉던데요"
"동료들과 수다도 떨고 해야 하는데, 책 읽으면 눈치 보여요"

바로 다른 사람들의 시선이다. 만약 직장에서 책을 읽는 것이 신경 쓰인다면 다른 사람의 눈에 띄지 않는 자동차 안이나 카페, 휴게실을 이용할 수도 있다. 나도 처음에는 사무실 책상이 아니라 회사 안에 비어 있는 공간을 찾아 책을 읽었다. 점심시간에는 회사 근처 카페나 공공 도서관에 가서 읽다 오기도 했다. 그러다 점점 내 자리에서 책을 읽기 시작했는데, 그럴 때마다 동료에게 눈치가 보이면 몇 가지 핑계를 대기도 했다.

"독서모임을 가는 데 책을 미리 읽어가야 해서요"
"대학원을 다니는데 과제 때문에 이번 주까지 책을 3권 읽어야 해요"
"책을 후원받았는데, 이번 주까지 서평을 써야 해요"

성의 있는 핑계를 대면 대부분의 동료는 함께 시간을 보내지 못해도 이해해 준다. 하지만 당신이 신입 직원이라면 점심시간에 혼자 책을 보는 것보다는 동료들과 어울리는 시간이 더 필요하다.

틈틈이 책을 읽고 싶다면 더 세밀한 계획을 세워야 한다. 예를 들어 월요일, 수요일, 금요일 점심시간은 식사 후 동료들과 함께 시간을 보내고 화요일, 목요일 점심 식사 후에 책을 읽는 식으로 말이다.

생각해보면 출퇴근길을 멍하니 보내고, 업무 시작 전, 후에 의미 없는 이야기를 하고, 업무 시간에 인터넷 서핑하는 시간이 얼마나 많으냐 말이다. 그 시간을 모아서 독서 시간으로 바꾼다면 하루 2시간은 충분히 확보할 수 있다. 평일 하루 2시간이면 일주일 10시간, 1년이면 520시간쯤 된다. 엄청난 시간이다. 그러니 직장에서도 틈틈이 읽자. 그 시간만으로도 일주일 2권, 1년이면 100권을 읽을 수 있다.

외근과 출장 시, 집중 독서하기

일을 하다 보면 외근이나 출장, 연수를 갈 때가 있다. 이럴 때는 어떻게 책을 읽을까? 외근을 오고 갈 때 가능하면 대중교통을 이용하길 권한다. 그러면 오고 가는 시간에 책을 읽을 수 있다. 약속 시간보다 30분 정도 일찍 가면 늦을까 걱정할 필요도 없고, 기다리는 시간 동안 책을 읽을 수 있어 좋다. 서울 시내는 웬만한 곳은 거의 왕복 1, 2시간이 걸리기 때문에 책 읽는 시간을 충분히 가질 수 있다(물론 상사와 동행한다면 책을 읽기보다는 상사와 대화를 하면서 가야 한다).

출장이나 연수는 어떨까? 나는 출장이나 연수를 가면 날짜 수만큼 책을 챙겨 간다. 예를 들어 2박 3일 제주도 출장이면 3권, 4박 5일 일본 출장이라면 5권 이런 식이다. 출장이나 연수를 가면 일정이 끝난 저녁 시간엔 비어 있는 시간이 많기 때문에 오히려 더 집중해서 책을 읽을 수 있다. 요즘은 출장이나 연수를 가도 밤새 술을 먹는 문화는 많이 사라졌다. 일정 이후에는 모두 개인 활동을 하는 분위기다. 얼마나 다행인가. 그 시간을 이용해 집중 독서 시간을 가질 수 있으니 말이다.

비행기를 타고 가는 출장에서는 공항에서 여러 절차를 마친 후 출발까지 1, 2시간 이상 대기 시간이 생긴다. 기차를 이용할 경우에도 보통 3, 4시간 정도를 이동하는 데 사용한다. 그런 시간까지 잘 활용하면 출장과 연수 기간이 오히려 평소보다 많은 책을 읽을 수 있는 기회가 되기도 한다.

업무시간에 업무 독서하기

업무시간에는 아무 책이나 읽어서는 안 된다. 회사마다 차이가 있겠지만, 독서 경영을 하는 회사의 경우 한 달에 1권의 지정된 책을 모든 직원이 읽은 후 독후감을 내고, 독서토론을 한다. 지정된 책은 대부분 업무에 도움이 되는 책 위주로 선정된다. 지정 독서가 있을 경우, 독후감이나 독서토론을 준비 해야 하기에 업무시간에 그 책을 읽어도 된다. 이 외에도 사업 기획서나 보고서를 작성하기 위해 참고해야 하는 책들도 읽을 수 있다. 이런 업무독서는 관련 업무 시기에 잘 맞춰 적극적으로 활용하면 좋다.

직장에서 무슨 책을 읽을까?

직장에서 읽는 책은 되도록 회사에서 지정한 책이나 업무에 관련된 도서, 인문이나 교양 도서를 추천한다. 직장에서는 퇴사나 창업, 자녀 양육, 부부 심리 같은 책을 읽으면 오해를 받을 수 있다. '저 사람, 퇴사하려나? 창업하려나? 회사에서 왜 저런 책을 읽어? 부부간에 무슨 문제가 있나?' 이런 불필요한 오해 말이다. 그러니 가급적 업무에 대한 책이나 인문, 교양 같은 종류의 책을 읽자.

업무에 대한 책은 직무 분야에 따라 매우 다르지만 기본적인 경제경영서나, 직장인 자기계발서는 분야와 상관없이 읽으면 좋다. 회사 안에 직원용 책이 있다면 우선적으로 읽고, 상사의 책상에 있는 책들도 눈여겨봤다가 따라 읽으면 좋다. 상사와 공감대를 형성할 수 있고, 업무에도 분명 도움이 될 것이기 때문이다. 능력 있는 리더 중에는 애독가가 많기 때문에 분명 책상에는 몇 권의 책이 놓여 있을 것이다.

교양 도서를 읽고 싶다면 인문고전을 권한다. 흔히 말하는 문학과 역사와 철학을 포함하는 '문·사·철'이다. 어느 기업 회장은 직원들에게 문학 300권과 역사 200권, 철학 100권 등 문·사·철 600권을 읽도록 권유했다고 한다. 도서관에 가면 800번이 문학, 900번이 역사, 100번이 철학인데 그곳에 있는 책들을 읽으라는 얘기다. 하지만 문·사·철이라 일컬어지는 책들은 어렵다는 생각에 쉽게 손이 가지 않는다. 나 역시 그렇다. 지금까지 1천 700권을 읽었지만, 그 중 완전히 이해가 되는 인문고전 책은 40여 권밖에 없다. 추천해주고 싶은 방법은 '청소년용 인문고전'을 읽으라는 것이다. 처음부터 너무 어려운 책을 읽다 보면 의욕이 꺾이게 된다. 본격적인 운동을 시작하기 전 준비운동을 해야 하듯 우선은 청소년용 인문고전을 찾아 읽으며 천천히 준비를 해보자. 나는 이런 청소년용 인문고전은 빌리지 않고 꼭 사서 읽는다. 우리 아이들이 조금 더 커서 청소년이 되면 추천해 주기 위해서다.

#6
공짜로,
혹은 돈 받으며
책 읽기

회사 및 도서관의 도서 지원 사업

우리 회사는 매월 책 한 권을 회사 경비에서 구입할 수 있다. 또 팀별로 업무에 필요한 책을 살 수 있는 예산도 책정되어 있다. 어떤 회사는 매월 필독서를 선정해 대량 구입한 후, 직원들에게 나눠주기도 하고, 한도별로 책을 구입할 수 있게도 한다.

공공도서관에는 도서신청제가 있다. 회원가입을 하면 누구나 읽고 싶은 책을 신청할 수 있다. 단지가 넓은 아파트에는 단지 안에 작은 도서관이 있기도 하는데 여기에도 입주민을 위한 도서신청제가 있다.

신청도서는 도서관에서 구입한 후 신청한 사람에게 우선 대여하므로 꼭 신청하자.

서평단 신청

국내 주요 출판사는 신간이 출간되면 초기 입소문을 내기 위해 '서평단'을 운영하는 경우가 있다. 서평단에 들어가면 매달 해당 출판사의 신간 책을 무료로 받아 읽을 수 있다. 책을 읽으면 반드시 서평을 올려야 하므로 자동으로 압박감이 생겨 꼬박꼬박 성실하게 읽게 된다. 서평단 신청은 보통 1년 단위로 모집하는데 분야에 상관없이 모집하는 경우도 있고 인문, 교양, 자기계발 등 분야별로 서평단을 모집하는 출판사도 있다. 경우에 따라 책별로 서평 신청을 받는 출판사도 있다. 본인이 평소 재미있게 읽었던 책을 출간한 출판사를 눈여겨보고 그 출판사에서 모집하는 서평단에 신청해보자. 그 외 '책책책 책을 읽읍시다', '책과 콩나무'같은 인터넷 북 카페의 서평 이벤트에 참여하는 방법도 있다.

서평을 꾸준히 자신의 소셜 미디어에 올려 조회 수가 많아지면 먼저 신청하지 않아도 출판사에서 서평의뢰가 들어오기도 한다.

독서토론지원사업 신청

내가 소속된 사회복지사협회에는 '종사자 동아리 사업'을 지원하는 제도가 있다. 2018년 초부터 독서모임을 신청해서 1인당 3만 원을 지원받아 한 달에 한 번씩 독서토론을 하는 중이다. 지원받은 돈은 장소 대여, 간식, 모임 진행비 등으로 사용한다. 하반기에는 구청에서 지원하는 '학부모 동아리 사업'의 독서모임을 신청했다.

같은 구에 거주하는 학부모 5~10명으로 구성하면 70만 원, 10명 이상이면 100만 원을 지원받을 수 있는 독서지원사업도 있으니 주의 깊게 살펴보자.

독서토론 모임 개설하기

독서토론지도사 자격증을 취득하거나 독서토론리더과정을 이수한 후 유료 독서토론 모임을 개설할 수도 있다. 보통 2시간에 3, 4만 원 정도이다. 나 역시 돈을 내고 참가해 본 적이 있다. 모든 과정을 이수한 후에는 유료 직장인 독서토론 모임을 진행하기도 했다. 유료로 진행되는 독서토론은 보통 진행자가 독서토론지도자 과정을 이수해야 하며 회원들이 낸 회비를 대관료와 음료, 진행자 수고비로 사용한다.

개별로 진행하기 어렵다면 각 참가자가 독서토론 모임을 주제별로 개설할 수 있도록 플랫폼 기능을 해주는 독서토론 모임이 있으니 그런 곳을 활용하는 방법도 있다. '책읽는 지하철', '숭례문학당'이나 '트레바리', '대안연구공동체' 등을 추천한다. 나 역시 유료 독서토론 모임을 진행하는 데 돈을 벌 목적으로 진행하는 것은 아니어서 받은 회비를 장소 대관료와 간식비 등으로 모두 사용한다. 하지만 독서로도 돈을 벌 수 있다는 가능성은 확인할 수 있었다.

국가에서 장려하는 독서 제도

갈수록 책을 읽는 사람들이 줄어들고 있어 국가적으로도 국민에게 책 읽기를 적극적으로 장려한다. 특히 작년은 '책의 해'로 북 캠핑을 포함한 여러 가지 사업을 적극적으로 실시하기도 했다. 전국 심야 책방의 날 행사, 책 마을 지정 시범 사업, 하루 10분 책 읽기 운동 등을 포함해 국가적으로 책 읽는 대한민국을 만들기 위한 지원을 아끼지 않았다. 작년에는 집 근처 도서관에서 50만 원이 넘는 비용을 주고 배웠던 독서 관련 프로그램을 무료로 진행하겠다는 안내문을 보기도 했다. 눈을 크게 뜨고 잘 살펴보면 주변에 다양한 기회가 많다. 그러니 관심을 가지고 적극적으로 참여해 보면 좋겠다.

책 읽기 노하우가 직업으로

책 읽기를 열심히 하면 제2의 직업을 찾을 수 있다. 나 역시 독서법 강연을 많이 하는데 적을 때는 월 2회, 많을 때는 월 12회 정도로 강연을 한다. 그러다 보니 어떤 달은 강연료가 월급을 뛰어 넘을 때도 있다. 책을 꾸준히 읽다 보면 자신만의 읽기 노하우가 쌓인다. 그러면 자연스럽게 다음 단계인 책 쓰기로 넘어가게 된다. 나 역시 '하루 한 권 책 읽기'를 했을 뿐인데 어느덧 작가가 되고, 나아가 독서법 강연을 하는 강사가 되어 있지 않은가.

도서 구입비 연말정산 환급

2018년 7월부터 도서 구입비도 연말정산 혜택을 받게 됐다. 도서 구입비 100만 원에 30% 공제율을 적용받는다. 소득공제를 받기 위해서는 책 구입하는 곳이 소득공제 제공 사업자로 확정된 가맹점이어야 한다. 한국문화정보원에서 운영하는 문화포털사이트 내 도서·공연비 소득공제 관련 페이지를 보면 가맹점 업체를 확인할 수 있다. 1년에 100~200권 정도의 책을 사는 나로서는 환급 효과가 매우 클 것으로 기대된다. 두근두근.

기적을 만드는 엄마의 책 공부

나는 독서로 '4개의 직업'을 갖게 되었다

• 독서 솔루션 3 •

덩어리 시간을 이용해 집중 독서하기

틈새 독서로는 채워지지 않는 독서 갈증을 집중 독서 시간으로 채우자.

평일 저녁과 주말에 집중 독서 시간을 만들고

법정 연차 휴가를 이용해 독서 휴가를 가자.

혼자 책 읽기에서, 함께 읽기로 독서 시간을 다양화하자.

#1
번아웃을
관리하는
네 가지 방법

직장인 80%는 번아웃 중

2017년 기준 경제협력개발기구(OECD) 통계를 보면 우리나라 연간 근로시간이 2,024시간이라고 한다. 2,024시간을 법정 근무일 209일로 나누면 우리는 하루 9.6시간을 근무하고 있는 셈이다. 장시간의 근로 시간으로 인해 우리나라 직장인의 약 80%가 번아웃(Burn-out) 증후군을 앓는다. 특히 아침에는 회사에 출근하고, 저녁에는 집으로 출근하는 우리 같은 워킹맘은 벗아웃 증후군에서도 고위험군에 속한다.

번아웃에 대한 흥미로운 주장이 있다. 《피로사회》라는 책을 쓴 철학자 한병철 교수는 번아웃에 대해 이렇게 얘기한다.

시대마다 그 시대에 고유한 주요 질병이 있다. 신경성 질환들, 이를테면 우울증, 주의력결핍과잉행동장애, 경계성성격장애, 소진증후군 등 노동 사회는 개별화를 통해 성과 사회, 활동 사회로 변모했다. 21세기 사회는 규율 사회에서 성과 사회로 변모했다. 이 사회의 주민도 더 이상 복종적 주체가 아니라 성과 주체라고 불린다. 그들은 자기 자신을 경영하는 기업가이다. 우울한 인간은 노동하는 동물로서 자기 자신을 착취한다. 물론 타자의 강요 없이 자발적으로, 그는 가해자인 동시에 피해자이다. 성과 주체는 자기 자신과 전쟁 상태에 있다.

그렇다면 21세기 질병이라 일컬어지는 번아웃은 어떻게 관리해야 할까?

번아웃 관리 첫 번째 ▶ **나만의 스트레스 해소법을 찾아라**
- -

번아웃은 스트레스로 찾아온다. 스트레스는 건설적인 일을 할 수 있게도 하지만 파괴적이 되기도 한다. 스트레스를 느끼는 강도는 개인마다 차이가 있는데 어린 시절부터 형성된 정신적 저항력의 차이에 따라 영향을 받는다고 한다. 정신적 저항력은 타고나는 것이 아니고 후천적으로 키울 수 있다. 그렇기에 스트레스 관리를 위해서 자신이 좋아하는 기분 전환 방법을 선택해 저항력을 길러야 한다. 효과적인 기분 전환 방법으로 알려진 것들로는 휴식이나 운동, 독서 등이 있다.

번아웃 관리 두 번째 ▶ 자아존중감을 높여라

회복탄력성(Resilience)은 제자리로 돌아오는 힘을 일컫는 말로, 심리학에서는 주로 시련이나 고난을 이겨내는 긍정적인 힘을 뜻한다. 보통 회복탄력성이 높은 사람이 자아존중감도 높다.

자아존중감을 높이려면 어떻게 해야 할까? 생각보다 간단하다. 나자신을 귀한 손님이라 생각하면 된다. 내가 나를 존중하지 않으면 아무도 나를 존중하지 않는다. 옛날 어머니는 가족들 먼저 먹인 후 남은 반찬으로 식사를 했다. 음식 하느라 힘들어서 그런 것도 있고 남기는 것이 아까워서 그런 것도 있겠지만 그런 식의 식사가 계속되면 가족들은 으레 엄마는 나중에 남은 음식을 먹는다고 생각하게 된다. 나는 아이들이 남긴 밥이나 반찬은 먹지 않는다. 귀한 손님에게 아이들이 남긴 밥과 반찬을 주겠는가? 내 입은 음식물 쓰레기통이 아니다. 버리기 아까워 먹는다는 것은 음식물 쓰레기통 대신 내 입에 버리는 꼴이다. 그렇게 먹은 밥과 반찬은 뱃살이 될 뿐이다.

혼자 라면을 끓여 먹어도 예쁜 그릇에 담아서 먹자. 귀한 손님에게 라면을 냄비 채 주지는 않을 것 아닌가. 잊지 말자. 나는 나에게 귀한 손님이라는 것을.

번아웃 관리 세 번째 ▶ 외상 후 성장하라

생명을 위협할 정도의 극심한 스트레스(정신적 외상)를 경험하고 나서 발생하는 심리적 반응을 외상 후 스트레스 장애(Post Traumatic Stress Disorder)라고 부른다. 그런데 리처드 테데시와 로렌스 칼훈은 외상 후 성장(Post Traumatic Growth)을 주장한다. 외상 후 성장은 외상 후 스트레스 장애와 상반되는 개념이다. 극심한 외상 후 부적응만 일어나는 것이 아니라 그 대처 과정에서 개인이 경험하는 긍정적 변화도 있다는 것이다. 이를테면 질병, 테러, 가정폭력 등 큰 괴로움을 겪은 이후 오히려 개인의 성격이 강인해지고 자신감이 높아질 수도 있다.

어마어마하게 큰 외상을 겪지 않더라도 우리는 모두 크고 작은 열등감과 콤플렉스를 경험하며 살아간다. 열등감은 다른 사람보다 자신이 못하다고 생각하는 것을 말하는데, 나 같은 경우엔 열등감이 오히려 성공의 에너지가 되었다. 스스로 알고 있는 약점은 더 이상 약점이 아니듯이 스스로 알고 있는 열등감도 얼마든지 보완할 수 있다.

내가 밤을 새우면서 1년도 살아 봤는데 이 정도쯤이야.
내가 하루 한 권 책 읽기도 7년째 하고 있는데 이 정도쯤이야.
내가 독박 육아와 살림을 5년이나 했는데 이 정도쯤이야.

프로이트, 융과 어깨를 나란히 하며 '심리학의 3대 거장'으로 일컬어지는 알프레드 아들러 Alfred Adler 는 열등감이 자기계발과 자아발전의 계기가 된다고 했다. 나에게도 그렇다.

번아웃 관리 네 번째 ▶ 재충전하라

독일에서는 근로자가 의사에게 노란색의 종이에 '업무불능증명서'를 받아 회사에 제출하면 며칠 동안의 휴가를 준다고 한다. 근로자가 일의 압박감에서 벗어나 쉬게 하는 것이 번아웃을 예방할 수 있는 첫걸음이기 때문이다. 나는 이러한 재충전의 시간을 갖는 것도 용기라고 생각한다. 쉼을 통해 재충전하는 것은 결코 나태한 일이 아니

다. 오히려 더 열심히 일할 수 있도록 발판을 만들어 주는 것이다. 나
역시 7년 동안 끊임없이 고민하고 시행착오를 겪으면서 방향을 찾았
다. 독립된 개체로 온전하게 행복하고 싶을 때도, 항상 가족과 직장의
우선순위에 밀렸다. 이제는 그러지 않기로 했다. 일하는 엄마의 워라
밸은 나를 위하는 것이기도 하지만 멀리 볼 때는 가족과 직장을 위한
일이기도 하다.

#2
저녁 덩어리
시간을 확보하는
두 가지 방법

책 읽는 시간을 만들기 위해서는 매일 정시에 퇴근을 해야 한다. 그래서 나는 가능한 모든 업무를 업무 시간 내에 처리하려고 노력한다. 근무 시간 안에 모든 일을 끝내려면 업무 효율성을 높여야 한다. 2018년 대한상공회의소와 맥킨지가 발표한 결과에 따르면 '하루 11시간 근무하는 김 대리의 실제 일하는 시간은 5시간 32분'이라고 한다. 업무시간이 길어도 업무 효율성은 낮다는 뜻이다. 그렇다면 업무 효율성은 어떻게 높일 수 있을까?

첫 번째 ▶ 회사에 있는 동안에는 숨도 쉬지 말고 일하자

집에서는 일 걱정하고, 회사에서는 집안일을 걱정하는 엄마들이 많다. 그러지 말자. 공과 사의 완벽한 분리는 일하는 엄마에게 특히 필요하다. 업무시간 중 개인용무, 개인 대화는 사절하자. 나는 업무 책상 위에 가족사진도 올려놓지 않는다. 스마트폰 첫 화면이나 카톡 사진에도 가족사진을 올리지 않는다.

업무 외 개인적인 일로 사람들에게 회자되지 않도록 주의하는 것도 필요하다. 회사에서는 가급적 일로만 평가받을 수 있도록 하자. 아침 9시에 출근해서 저녁 6시에 퇴근하는 나인 투 식스(9 to 6)를 지향한다고 일을 대충해도 좋다는 뜻은 아니다. 주어진 시간 안에 모든 일을 끝내고 퇴근시간 이후에 개인적인 삶을 찾는 것을 말한다. 52시간 근무제를 철저하게 지키는 회사의 직원들은 오전시간에 흡연하는 시간이 줄고, 나가서 점심을 먹던 직원들도 내부 식당을 이용하는 경우가 늘었다고 한다.

두 번째 ▶ 과다한 회의와 보고 시간 줄이기

앞서 하루 11시간 근무하는 김대리의 경우 실제 일하는 시간은

5시간 32분이라고 했는데 그렇다면 나머지 5시간 28분은 무엇을 하는 걸까? 혹시 불필요한 회의나 동료들과의 잡담, 커피를 마시거나 담배를 피우는 시간이 많은 비중을 차지하는 건 아닐까?

명확한 의사소통

일을 하다 보면 불명확한 의사소통으로 소모되는 시간이 많다. 효율적이고 명확한 업무지시가 필요하다. 무엇을, 왜, 언제, 어떻게, 누가, 할 것인지 명확히 하고 소통하자.

회의 줄이기

회사에서 직원들이 모여 '사내 회의'에 대한 문제점을 지적하는 시간이 있었다. 가장 큰 문제점으로 '회의가 아니라 보고하는 것 같다. 직원들이 추궁 당하는 시간 같다. 매번 회의 시간이 초과 된다'가 뽑혔다. 해결책으로 사전에 필요한 자료를 배부해서 읽어보게 하고, 모든 직원이 모여서 논의해야 하는 회의 외에는 하지 않기로 했다. 아직 완전히 정착되지는 않았지만 회의 시간이 확 줄었고, 직원들의 의견 반영도 더 활발해지고 있다.

보고하는 시간 줄이기

모든 서류를 직접 대면해서 설명하고 결재를 받아야 했던 예전에

비해 온라인 전자결재가 도입된 후 보고하는 시간이 많이 줄었다. 요즘은 보고도 대면 보고 보다 온라인 보고를 많이 한다. 대표적인 게 '카카오 톡'을 활용하는 방법이다. 우리 회사도 얼마 전부터 단톡방을 만들어 주요 사항은 바로바로 단톡방에 올리고 있다. 그렇게 하니 보고 시간도 줄고, 보고를 누락하는 일도 없어졌다. 물론 대면 보고가 꼭 필요한 경우도 있으니 상황에 맞게 진행해야 한다.

일일 업무계획은 70%만 세워라

그날 계획한 일을 끝내고 집에 가는 날은 발걸음이 가볍다. 하지만 그렇지 못한 날은 발걸음도 무겁고 기분도 찜찜하다. 계획한 업무를 끝내지 못한 이유는 여러 가지가 있겠지만, 일일 업무계획을 과도하게 세웠기 때문일 수도 있다. 업무 시간을 100% 활용해서 업무계획을 세우면 실패할 확률이 높다. 일을 하다 보면 계획하지 않은 일들이 번번이 생기기 때문이다. 그래서 신입직원에게는 업무 시간 60%만 활용해서 일일 업무계획을 세우라고 한다. 숙련된 직원에게는 80%로 세우라고 하지만 대부분은 70%면 적당하다. 나머지 30%는 갑작스러운 일들을 처리하자. 그러다 업무시간이 남으면 어떻게 하냐고? 그럴 일은 별로 없지만 그럴 경우엔 내일 할 일을 미리 하면 된다. 그러니 걱정 마시길.

과다하거나 부당한 업무는 거부하자

5년 차 팀장일 때 일이다. 바로 위 과장이 나에게만 계속해서 일을 시켰다. 과장 본인이 해야 할 업무까지 계속 준다는 생각에 부당하다는 느낌이 들었다. 그래서 2개월 동안 매일 15분 단위로 업무시간을 기록하기 시작했다. 2개월간의 평균을 보니 달마다 40시간 이상씩 초과근무를 하고 있었다. 이 자료를 가지고 과장을 찾아가 "보시는대로 매월 40시간 이상 초과근무를 하고 있습니다. 그래서 추가 업무는 못합니다"라고 말했다. 실제 근무한 업무 소요 시간을 엑셀로 제시하니, 과장도 아무말 못하고 수시로 일을 넘기던 것도 더는 넘기지 못하게 되었다. 과다하고 부당한 업무는 거부해도 된다.

앞으로는 주 4일 근무하는 시대가 될 것이다

주 5일 근무만 해도 충격적인 변화였다. 1920년대 사람들은 '주 5일 40시간 근무제'를 도입했던 헨리 포드$^{Henry Ford}$의 생각이 단지 유토피아일 뿐이라고 생각했다. 국내에서도 주 5일 근무가 완전히 자리 잡기까지 수많은 논란과 시행착오를 거쳐야 했다. 그런데 이제 화두는 주 4일 근무다. 노르웨이나 독일의 회사 중에는 오전 8시에 출근해서 오후 4시에 퇴근하는 곳도 많고, 캐나다는 주 38시간만 일하는 회

사도 늘고 있다. 휴일이 가장 많은 프랑스는 근로시간이 주 35시간에 머물고 휴가는 연간 5주다. 지금 유럽의 노동시간의 최대 화두는 주 4일 32시간 노동이다. 미국의 미래학자인 레이 커즈와일^{Ray Kurzweil}은 2020년에 가상현실이 대중화되어 많은 사람이 재택근무를 할 수 있게 될 것이라고 했다. 워킹맘인 우리에게는 반가운 소식이다.

#3
반복적인 일의
시간을
줄여라

시간 관리의 두 가지 유형

시간을 관리하는 두 가지 유형이 있다. 첫 번째 유형은 계획한 일을 칼 같이 끝내며 주도적으로 시간을 관리하는 사람이고, 두 번째 유형은 매일 저녁까지 쉼 없이 일하지만, 제때 끝내지 못해 매번 시간에 끌려다니는 사람이다.

그 누구도 하루 24시간을 48시간으로 만들 수 없다. 하지만 살펴보면 24시간 중에 중요하지도 긴급하지도 않은 일에 사용하는 2, 3시간은 찾을 수 있다. 미국 애널리스트 메리 미커$^{Mary\ Meeker}$의 연구에 따르면 세계 인구 24%가 스마트폰을 보유하고 있고, 하루 평균 141분을 스마트폰을 사용하는 데 쓴다고 한다. 그러니 이 시간만 잘 활용해도 하루에 몇 시간을 벌 수 있다. 나는 스마트폰을 이용하는 대신 책을 읽는다. 토요일이나 일요일 아침에도 늦잠 대신 책을 읽는다.

반복적인 일의 시간을 줄이자

시간을 만드는 방법 중 가장 효과적이었던 것은 반복적인 일의 시간을 줄이는 것이다. 화장하거나, 옷을 입거나, 청소하거나, 빨래하거나, 음식을 하는 등의 반복적인 일들의 시간을 줄여보자. 아침에 화장할 때, 기초화장과 색조화장을 조금 줄여 보면 어떨까. 피부 관리를 목숨처럼 하는 모델조차 평소에는 여러 개의 화장품을 바르지 않고 품질 좋은 크림 하나만 바른다고 한다. 우리도 한꺼번에 많은 크림을 바를 필요는 없다. 화장을 열심히 하지 않으면 남들에게 흉을 보인다고 생각할지 몰라도 남들은 생각만큼 나에게 관심이 없다. 아이라이너와 립스틱만 발라도 충분하다. 옷을 고르는데에도 시간을 많이 뺏긴다. 나는 주말에 일주일 치 출근용 옷을 미리 정해놓고 그날그날 날씨와 스케줄에 따라 선택하여 입는다. 이렇게 하니 아침에 옷을 고르는 시간이 많이 줄었다.

정리정돈은 매일 해야만 집이 깔끔해 보인다. 하지만 청소기 사용이나 손걸레는 매일 하지 않고 이틀에 한 번씩 해도 된다. 아이들이 조금 크면 아이들 방과 장난감 정리를 아이들에게 시킨다. 청소기도 로봇청소기를 사용하면 훨씬 간편하다. 아침 출근 시 틀어놓고 나가면 저절로 바닥 청소가 되어 있다. 문제는 요리이다. 요리는 어쩔 수 없이 많은 시간이 소요된다. 첫째가 아토피가 있어 어려서부터 음식에 신경을 많이 썼다. 지금도 외식은 한 달에 한 번 정도만 한다. 그나마도 나아진 것이다. 첫째가 다섯 살 이전에는 밖에서 음식을 사 먹으면 두드러기가 나고 토해서 외식은 꿈도 못 꿨다. 커가면서 조금씩 나아져서 한숨 돌리게 됐다. 지금은 주말에만 요리를 한다. 아침은 15분 이내에 조리 가능한 한 그릇 음식 위주로 한다. 예를 들면 볶음밥, 계란말이밥, 떡국, 국밥, 샌드위치, 달걀토스트 등 같은 즉석에서 바로 만들 수 있는 음식들이다. 이런 식으로 일상의 반복적인 일을 계속해서 줄여 나가고 있다.

점심시간에 해본 예순 여섯 가지 일

시간 빈곤에 시달리던 나는 점심시간 1시간을 100% 활용한다. 내가 점심시간에 해본 일들의 목록을 보면 깜짝 놀랄지도 모르겠다. 아래 목록은 실제로 점심시간에 한 것들만 적은 것이다. 대충 적었는데도 예순 여섯 가지나 된다. 점심시간을 이용해 할 수 있는 일이 생각보다 많다. 시간을 쪼개어 사용해보니 2, 3시간 걸릴 일들도 한 시간 내에 끝낼 수 있더라. 예를 들어 머리카락을 자르고 염색하려면 평일 저녁이나 주말에 미장원에 가야 하는데, 기다리는 시간 포함해서 최소 3시간이 걸린다. 그걸 사람 없는 평일 점심에 가면 한 시간 안에 끝낼 수 있다. 그렇게 해서 번 주말과 평일 시간에는 책을 읽을 수 있다.

개인용무	자기계발	업무	살림과 육아
1. 점심 먹기	26. 영어 공부	39. 직원 면담	47. 양가 안부 전화
2. 수다	27. 독서	40. 직원 동아리 참석	48. 학부모 상담
3. 멍때리기	28. 책 쓰기	41. 일하기	49. 보험 가입
4. 인터넷 검색하기	29. 독서토론	42. 상사와 대화	50. 장보기
5. 커피 마시기	30. 피아노 배우기	43. 회식	51. 가계부 정리
6. 낮잠	31. 도서관 이용	44. 퇴근	52. 남편과 대화
7. 기도	32. 마라톤연습	45. 송별회	53. 병원 진료
8. 울기	33. 그림 그리기	46. 종무식	54. 인터넷 뱅킹
9. 산책	34. 심리검사		55. 세금 납부
10. 머리카락 자르기	35. 대학원 과제		56. 아이 건강검진
11. 뿌리 염색하기	36. 동영상 강의수강		57. 유축하기
12. 얼굴 마사지	37. 자격증 시험		58. 옷 수선
13. 스포츠 마사지	38. 책 서평 쓰기		59. 세탁 맡기기
14. 사우나			60. 동사무소 업무
15. 세신			61. 세무서 업무
16. 다이어리 정리			62. 피임 시술
17. 신발 굽 교체			63. 자동차 구매 상담
18. 쇼핑			64. 차 구매 계약
19. 금식 기도			65. 새집 구경
20. 다이어트			66. 새집 계약
21. 맛집 탐방			
22. 증명사진 촬영			
23. 블로그 글쓰기			
24. 매니큐어			
25. 드라마 보기			

#4

나를 위한 휴가를
당연하게
생각하라

내 연차휴가는 내 것이다

워킹맘이 휴가를 내는 이유는 대부분 아이가 다니는 어린이집이나 학교 행사, 아이 또는 부모님이 아파서 병원에 가야 하거나, 집안 행사 때문인 경우가 많다. 회사에서는 다른 미혼 동료보다 휴가를 더 사용한다고 눈치를 주지만, 정작 우리는 스스로를 위한 휴가는 사용하지 못하고 있다.

회사에서 종일 근무하고 집에 돌아와 아이 챙기고, 집안일을 하다 보면 쉴 수 있는 시간이 없다. 주말에 아이들과 근처 놀이공원이라도 다녀오면 시간은 더 빨리 간다. 그러자니 하루 24시간, 365일 일하는 느낌이 들 때가 종종 있다. 스피노자의 심신 평행론에서는 신체의 능동은 영혼의 능동과 평행하다고 한다. 신체에 힘이 넘치는데 영혼이 우울할 수 없고, 영혼이 우울한데 신체에 힘이 넘칠 수 없다는 얘기다. 그래서 나는 나를 위해 휴가를 사용한다. 온종일 책을 읽을 때도 있고, 아무것도 안 하고 푹 쉴 때도 있다. 바쁜 일상에서 잠깐의 쉼은 꼭 필요하다.

1년에 한 번, 나는 혼자 독서 여행을 간다

1년에 한 번은 혼자 여행을 간다. 결혼 전부터 남편에게 약속을 받았고 해마다 실천하고 있다. 첫째를 낳은 후에는 2주 동안 미국을 다녀왔고, 둘째 낳고서는 열흘 동안 영국을 다녀왔다. 대학원을 졸업하고 나서도 열흘 동안 프랑스와 네덜란드를 다녀왔다. 그 외에도 부산, 제주도, 일본 등을 혼자 다녀왔는데 그때마다 항상 책과 함께였다. 해외 100개국을 자유 여행으로 다녀오는 것이 오랜 꿈이다. 그래서 구글맵, 대중교통, 현지에 사는 지인 찬스를 이용해 여행을 다니고 있다. 자유 여행을 가기 위해서는 현지에 대한 공부가 필수다. 그러기 위해서는 여행을 가기 전에 그 나라에 대한 여러 가지 책을 사서 읽어봐야 한다. 그렇게 책을 읽으며 계획을 세우는 것이 나름 큰 재미다. 당연히 여행 일수만큼의 책도 가지고 간다.

해외여행이 부담이라면 혼자 놀기의 최고봉인 '호캉스'를 추천하다. 호캉스는 호텔+바캉스의 합성어로 숙식이 제공되는 호텔 안에서 휴가를 보내는 것을 말한다. 요즘은 호캉스가 대중화되어 1인 숙박객을 위한 다양한 프로그램도 운영하니 혼자만의 여유를 즐기고 싶은 워킹맘들에겐 안성맞춤이다.

가족여행과 명절은 봉사하는 시간

혼자 떠나는 독서 여행이 나를 위한 시간이었다면 가족 여행은 철저하게 가족을 중심으로 생각하고 행동해야 한다. 가족 여행에서까지 나의 쉼을 우선으로 생각하면 좋은 여행이 될 수 없다. 여행을 떠나면 누군가는 아이들을 챙겨야 한다. 그 역할을 미루지 말고 기분 좋게 하자. 그래야 나중에 혼자 여행도 부담 없이 갈 수 있다.

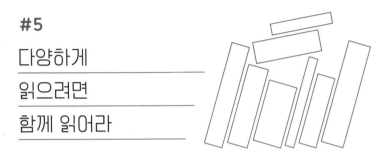

#5
다양하게
읽으려면
함께 읽어라

익숙함의 함정

프랑스 철학자 질 들뢰즈^{Gilles Deleuze}는 진정한 '넘어섬의 경험', '초월의 경험'이란 지각(知覺) 불가능한 것과의 피할 수 없는 만남에서 온다고 말했다. 편안하고 익숙함 속에서는 새로운 사고나 자극이 생길 수 없다는 뜻이다. 우리는 매일 비슷한 사람들을 만나 비슷한 일을 하고 비슷한 영화와 음악을 듣는다. 워킹맘으로 바쁘게 살다 보니 매일 만나는 사람이라곤 회사 동료와 가족이 전부다. 인간관계가 대폭 좁아졌다.

인간은 사사로운 삶의 공간에서 친밀감과 평온함을 누리지만, 그 것을 넘어선 공공의 세계에서 자기의 존재 가능성을 확대한다. 낯 선 사람들 앞에 자신을 드러내고 공동의 경험과 공적인 서사를 창출하면서 더욱 고양된 자아를 만날 수 있다. 일인칭과 이인칭의 배타적인 긴장에서 풀려나 삼인칭의 시선으로 각자를 되돌아보 는 여유가 생긴다.

김찬호 교수가 쓴《모멸감》의 한 구절이다. 고양된 자아를 만나기 위해서는 우리가 느끼는 친밀감과 평온함을 느끼는 안전지대를 벗어 나야 한다. 가족이나 일과 관련된 사람이 없는 곳으로 가야 한다. 나 는 이런 곳을 제 3지대라고 표현한다. 가장 안전한 1지대인 가족, 매 일 보는 2지대인 직장 동료들을 떠나 낯섦을 경험할 수 있는 3지대 로 가자.

내 주변 5명의 합이 '나'이다

어떤 사람을 제대로 알려면 그 사람의 친구를 보라고 했다. 내가 누 구인지 알려면 내 주변 사람 5명의 평균 수준을 보면 그게 곧 '나'라 는 뜻이다. 신영복 선생님의《담론》을 보면 다음과 같은 문장이 있다.

자기 변화는 최종적으로 인간관계로서 완성되는 것입니다. 기술을 익히고 언어와 사고를 바꾼다고 해서 변화가 완성되는 것은 아닙니다. 최종적으로 자기가 맺고 있는 인간관계가 바뀜으로써 변화가 완성됩니다. 이것은 개인의 변화가 개인을 단위로 완성될 수는 없다는 것을 뜻합니다. 그리고 더욱 중요한 것은 자기 변화는 옆 사람만큼의 변화밖에 이룰 수 없다는 뜻이기도 합니다. 자기가 맺고 있는 인간관계가 자기 변화의 질과 높이의 상한입니다. 같은 키의 벼 포기가 그렇고 어깨동무하는 잔디가 그렇습니다.

즉, 사람들은 자기와 비슷한 사람끼리 어울린다는 말이다.

독서토론모임으로 혼책에서 벗어나자

구글이 선정한 미래학 분야 최고의 석학 토머스 프레이^{Thomas Frey}는 소득 2만 달러 시대에는 의식주 관련 소비가 비약적으로 늘지만, 소득 3만 달러 이상이 되면 경험에 관련된 소비가 늘어날 것이라고 했다.

요즘은 시간이 날 때마다 개인들의 동호회 형태로 운영되는 책 읽는 독서모임과 독서토론에 참여하고 있다. 이런 모임은 나를 잘 모르는 사람들이 대부분이기 때문에 기분 좋은 낯섦과 긴장감을 함께 느낄 수 있어 좋다. 이런 제 3지대에서는 나이순으로 대접받는 것이 아니라 해당 분야를 잘 알고 오랫동안 해온 사람이 모임을 끌고 가는 경우가 대부분이다. 내가 즐겨 가는 독서토론모임도 나이나 직업, 결혼 유무 등을 물어보지 않는다. 책을 중심으로 이야기를 하다 보면 겉으로 보이는 그 사람의 인적사항보다 내면의 정보를 알게 되는 일이 생긴다.

같은 책이어도 남자와 여자, 미혼과 기혼자가 읽을 때 완전히 다르다. 직업과 나이에 따라 같은 문장도 다르게 읽힌다. 한 권의 책을 다양한 시각으로 다르게 읽어볼 수 있다는 점이 독서토론모임의 최대 장점이다. 독서토론에서는 나의 해석도, 다른 사람의 해석도 모두 옳다. 토론에 참석한 작가들조차 "독자들을 통해 글에 그런 뜻이 있는 줄 알게 되었다"고 말하기도 한다. 독서토론에서는 오로지 책이 선생이다. 강연처럼 누군가가 일방적으로 자신의 주장을 내세우는 곳이 아니라 책을 더 깊이 이해하기 위한 모임이기 때문이다.

말하는 것이 부담스럽다면 서평독서모임이나 필사독서모임, 책읽기독서모임 같은 다양한 형태의 모임도 있으니 참고하자. 문학, 시, 학부모, 심리 같은 주제별 독서모임도 있고, 직장인, 2~30대, 여자, 엄마 같은 참여 대상자별 독서모임도 찾아보면 많다. 다양한 형태의 모임 중 나한테 맞는 모임을 찾아 참여해 보자.

독서모임은 처음에는 별다른 이익이 없다고 느껴지지만, 어느 순간이 지나면 돈으로도 살 수 없는 넓은 시야를 선물해준다.

그동안 혼자 읽었다면, 함께 읽고 함께 토론하는 시간을 가져보자. 혼밥도 좋지만 여러 사람이 함께 먹으면 더 다양하게 먹을 수 있듯이 책밥도 여러 사람이 함께 먹으면 더 다양하게 읽을 수 있는 경험이 된다.

#6
읽은 책을
모두 기억하는
세 가지 방법

독서 강연을 할 때 많이 받는 질문 중 하나는 "읽은 책 1천 권을 다 기억하세요?"이다. 이 질문에는 기억하지도 못할 텐데 그렇게 많은 책을 왜 읽느냐는 의미도 있고, 나는 읽어도 자꾸 잊어버려 미치겠다는 의미도 있다. 질문에 대답하자면 나는 읽은 책들을 거의 기억한다. 앞의 글을 읽은 독자들은 알겠지만, 나는 머리가 좋고, 공부를 잘했던 사람이 결코 아니다. 아이 둘 키우는 평범한 워킹맘일 뿐이다. 그런데 어떻게 1천 권의 책을 기억할 수 있을까? 여기에는 비결이 있다. 지금부터 기억하기 위해 써봤던 방법 중 가장 효과적이었던 방법 세 가지를 말하고자 한다.

첫 번째 ▶ 독서 목록 작성하기

읽은 책을 기억하는 첫 번째 방법은 독서 목록을 작성하는 것이다. 책 읽는 날짜, 연번, 책 제목, 책 분야, 책에 대한 평가를 기록하는데 어떤 사람은 작가, 출판사, 추천인 등을 적기도 한다. 형식은 상관없지만 꼭 표시해야 하는 건 '책 분야'다. 그래야 독서 목록을 보면서 내가 어떤 책을 읽었는지 바로 파악할 수 있다.

책 분야는 서점에서 책을 분류한 것처럼 자기계발, 성공, 인문서, 어린이 등이 아니라 도서관처럼 한국 십진분류법(Korean Decimal Classification)에 따라 분류하는 것이 정확하다. 책에 대한 평가는 영화 평점처럼 5점 만 점으로 하거나 별 다섯 개식으로 표시해도 된다. 나는 다시 읽고 싶은 책, 좋았던 책, 별로인 책, 쓰레기통에 버릴 책으로 평가를 한다.

두 번째 ▶ 필사하기

두 번째로 기억하는 방법은 읽은 책을 필사하는 것이다. 요즘 필사 모임이 늘고 있는데 이런 모임은 책 한 권을 처음부터 끝까지 그대로 필사한다. 글을 잘 쓰는 작가의 글을 필사하는 것이 글쓰기 향상에 큰 도움이 된다고 한다. 그래서 글을 잘 쓰고 싶거나 예비 작가들이 많이 참여하는 모임이다. 나는 글쓰기 실력을 늘리기 위해서보다는 읽고 난 책의 내용이 허공으로 날아가 버리는 것 같아 그걸 잡기 위해 필사를 시작했다. 그래서 책 전체를 필사하지는 않는다(전체를 필사하는 것은 읽는 것보다 더 시간이 오래 걸린다).

나는 대부분의 책을 사서 보는데 밑줄을 치면서 읽는 습관 때문이다. 책을 읽다 마음에 드는 문장이 있으면 밑줄을 쳐야 하는데 빌린 책은 그렇게 할 수 없다. 그렇다고 책에 밑줄 친 모든 문장을 필사하는 것은 아니다. 필사는 객관적인 필사와 주관적인 필사 두 가지 방법으로 할 수 있다. 객관적인 필사는 책 전체에서 중요한 핵심 문장이나, 복선, 의미 있는 문장 등을 따라 쓰는 것이고, 주관적인 필사는 내 마음에 드는 문장을 따라 쓰는 것이다. 나는 객관적인 필사와 주관적인 필사를 병행한다.

독후감을 쓰듯이 해석을 붙이거나 덧붙이지 않고 작가가 쓴 그대로 손으로 필사하는 것이 원칙이다. 이렇게 필사한 내용 중 다른 사람과 공유하고 싶은 내용은 SNS에 올리기도 한다. 나는 책을 읽으면서 손으로 필사하는 방식을 선호하지만 경우에 따라 컴퓨터를 이용해 옮겨 적어도 좋다. 어떤 방법이든 기록하는 것이 중요하다. 그렇지 않으면 읽고 난 책의 내용은 시간이 지날수록 점점 허공으로 날아가게 되어 '어? 나 분명히 이 책 읽었는데, 무슨 내용이었더라' 하게 된다.

천재가 아닌 이상 한 번 책을 읽어서는 절대 기억할 수 없다. 독일의 과학자 헤르만 에빙하우스$^{\text{Hermann Ebbinghaus}}$의 망각곡선에 따르면 20분이 지나면 기억의 42%가 사라지고, 1시간이 지나면 56%가 사라지고, 하루가 지나면 67%가 사라지고, 1개월이 지나면 79%가 사라진다고 한다. 하지만 내가 하는 방식처럼, 눈과 손으로 반복해서 다시 읽기를 하면 읽은 책을 좀 더 기억하게 된다. 망각이 일어나는 주기마다 반복해서 다시 읽는 것이 단기에 상실되는 기억들을 장기 기억 장치로 옮기는 역할을 하기 때문이다.

세 번째 ▶ 입과 귀로 읽기

읽은 책을 기억하는 세 번째 방법은 입과 귀로 읽는 방법이다.

입으로 책 읽는 방법은 낭독하며 읽기, 소리 내서 읽기 같은 방법이 있다. 또 사람들과 독서토론을 하는 방법도 있다. 나는 집중이 잘 안 되는 환경에서 책을 읽어야 할 때 소리 내서 읽는다. 그러면 훨씬 집중이 높아지는 것을 느낄 수 있다. 책의 내용을 더 깊이 이해하고 싶을 때는 참여하는 독서토론모임에 토론 독서로 올리기도 한다. 내가 참여하는 독서토론에서는 '논제'가 있는 독서토론을 하기 때문에 논제를 만들기 위해서는 책을 적어도 세 번 이상은 읽어야 한다. 그렇게 읽고 참여자들과 2시간 이상 떠들다 보면 책 내용을 잊어버리고 싶어도 잊어버릴 수가 없게 된다.

귀로 읽는 방법은 오디오클럽으로 책을 듣거나, 저자 강연회에 참석해 책에 대한 이야기를 듣는 방법이 있다. 오디오클럽은 포털 사이트에 책 제목을 검색하면 나오고, 저자 강연회는 공공 도서관에서 많이 진행한다. 네이버 '책 문화'판을 보면 매주 저자 강연회 소식이 올라오기도 한다. 선착순인 경우도 있고 추첨제인 경우도 있지만 대부분 무료이니 신청해 보자. 책에 미처 담지 못했던 이야기들이 나올 수 있고 사람들의 질문을 통해 미처 깨닫지 못했던 부분까지 생각이 확장될 수 있다.

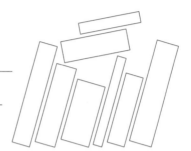

#7
삶에 변화를
가져오는
'머리-가슴-발' 독서

깨닫고 실천하기

책을 통해 삶에 변화를 가져오길 원한다면 단순히 책만 읽어서는 안 된다. 읽는 것만이 목적이 된다면 변화를 가져오기는 힘들다. 책을 읽는 진정한 목적은 실천하기 위해서가 되어야 한다. 가장 강조하고 싶은 것이 '한 권의 책을 읽으면(머리), 반드시 한 가지를 깨닫고 (가슴), 한 가지를 실천하자(발)'는 것이다. 이것은 나의 독서 슬로건이 기도 하다.

한 권의 책으로 삶의 방향이 달라지는 사람이 있는 반면, 몇백 권

몇천 권의 책을 읽어도 아무 변화가 없는 사람도 있다. 그런 사람들은 대부분 킬링타임용으로만 책을 읽던 사람들이다. 두 유형의 차이는 '깨달음과 실천'이다. 책 100권을 읽고도 깨달음이나 실천이 없는 사람보다, 책 한 권을 읽고도 깨닫고, 실천하는 사람에게 훨씬 좋은 변화가 있을 것이란 건 자명하다.

깨달음과 실천 중에서 더 강조하고 싶은 것은 '실천'이다. 변화를 원한다면 책을 읽고 적극적으로 실천해야 한다. '다이어트' 책 100권을 읽어도 살은 빠지지 않는다. 다이어트에 대한 지식만 늘어날 뿐이다. 책을 읽고 '그래 살은 이렇게 빼야 해'라는 깨달음을 얻었다고 살이 빠지는 것도 아니다. 다이어트 책을 읽고 살이 빠지는 변화를 얻기 위해서는 책에 적혀있는 '식단 조절과 운동'을 실천해야만 한다. 그렇지 않으면 세상에 나와 있는 모든 다이어트 책을 읽는다고 해도 살은 빠지지 않는다. 책은 무조건 많이 읽는다고 다가 아니다. 1천 권, 1만 권 독서는 목적이 아닌 수단이 되어야 한다. 책을 읽고 변화하고 싶다면, 읽는 만큼 깨닫고 실천해야 한다.

《책 읽는 여자는 위험하다》의 슈테판 볼만[Stefan Bollmann]은 책 읽기에 대해 이렇게 말했다.

위험한 책 읽기는 전에 하던 일을 하지 않게 되는 것, 전에 하지 않던 일을 하게 되는 것을 다 포함한다. 자신을 재창조하고 싶은 사람은 누구라도 하나의 잣대, 하나의 무기가 필요한데 책은 홀륭하게 그 역할을 수행해 낼 수가 있는 것이다. 물론 무슨 책을 읽든지 그 내용과 상관없이 전혀 위험하지 않은 책 읽기도 있다. 남이 보는 자기 자신의 이미지를 꾸미기 위해 혹은 그저 소일거리로 책을 읽는 사람은 새로운 자신을 전혀 만들 수가 없다. 그렇기 때문에 그런 사람의 독서는 아무런 사건도 발생시키지 않고, 전혀 위험할 것이 없다. (물론 인생 전체로 보면 아주 위험한 독서다. 왜냐하면 아무런 변화가 없는 인생이야말로 사실은 파괴되어 가는 인생이고 아무 일도 일어나지 않는 독서는 인생의 파괴를 도와주기 때문이다.)

속독으로 책을 읽는 분이 있다. 하루에 10권이 넘는 책을 읽는데 그 엄청난 양에 놀라면서도 '하루에 열 가지 넘는 깨달음과 열 가지 넘는 실천을 하기는 힘들 텐데 저렇게 읽은 책밥을 다 소화는 시키는 걸까?' 하는 생각이 들었다. 물론 사람마다 음식 먹는 양과 속도가 달라서 어떤 사람은 적은 음식도 소화를 못 하고, 어떤 사람은 10인분을 먹어도 문제없이 소화 하는 사람도 있다. 아무쪼록 그 분이 10인분의 책밥을 먹고도 잘 소화 하길 바랄 뿐이다.

독서 초급-중급-고급별 3단계 독서법

앞서 나는 책을 읽는 1단계 초급자는 서점별 베스트셀러에서 관심 있는 분야의 책을 읽기를 권유했다. 처음 책을 읽기 시작하는 것이니 쉬워야 하기 때문인데 베스트셀러만 읽으면 독서의 깊이가 깊어지지 않으니 스테디셀러에서도 관심 있는 분야를 찾아 함께 읽으면 좋다.

책 읽는 습관이 붙은 2단계 중급자에게 권유하고 싶은 방법은 '키워드' 독서이다. 한 가지 키워드로 독서를 이어가는 독서법을 말하는데 예를 들면 한 작가의 책을 계속 이어 읽어가는 '작가 독서', 특정 주제를 계속 이어 읽어가는 '주제 독서' 등이 그것이다. 나는 알랭 드 보통, 김애란, 정여울 작가들의 책을 계속 이어보는 '작가 독서'와 자녀 양육, 사회복지, 번아웃 등의 특정 주제 책을 찾아 읽는 '주제 독서'를 했는데 읽을수록 무게감이 느껴져 좋았다. 또 책마다 작가가 인용하는 책들이 있으면 그 책들을 읽어보는 '릴레이 독서'도 권하고 싶다. 분명 지식이 확대되는 느낌이 들 것이다.

'작가 독서'는 해당 작가가 집필한 책을 모두 읽어보는 걸 목표로 하고, '주제 독서'는 해당 분야의 책을 30권 정도 읽는 것을 목표로 진행하고 있다. 이런 키워드 독서는 일종의 자기 주도 학습이다. 주제 독서를 30권만 하는 이유는 그 분야의 책을 모두 읽는 것이 불가능한 것도 있지만, 경험상 한 주제에 대한 책을 30권 정도 읽으면 겹치는 부분이 많아지기 때문이기도 하다.

주제 도서는 특정 분야에 깊이 있는 지식을 만들 수 있다. 이런 주제 도서는 경영학의 아버지로 불리는 피터 드러커Peter Drucker의 독서법이기도 하다. 피터 드러커는 3, 4년마다 1개씩 주제를 정한 독서로, 평생 20여 개 분야의 전문지식을 쌓을 수 있었고 이런 지식을 바탕으로 수십 권의 책을 출간했다고 한다.

마지막으로 3단계 고급자에게 권하고 싶은 독서는 '균형 독서'이다. 앞에서 얘기한 도서관 십진분류법에 따른 독서를 권한다. 십진분류법은 서점의 분류처럼 경제경영, 자기계발, 문학, 어린이, 가정생활 등의 분류를 말하는 것이 아니라 도서관에서 책을 빌리면 책 옆면에 붙여져 있는 숫자를 말한다.

0 혹은 000은 총류, 1 혹은 100은 철학, 2 혹은 200은 종교, 3 혹은 300은 사회과학, 4 혹은 400은 순수과학, 5 혹은 500은 기술과학, 6 혹은 600은 예술, 7 혹은 700은 언어, 8 혹은 800은 문학, 9 혹은 900은 역사를 말한다.

사람들은 주로 편식 독서를 한다. 다양한 책을 읽는다고 말하는 사람들도 블로그에 올린 책 목록을 찾아보면 국내소설, 해외소설, 현대소설, 시, 에세이 등으로 되어 있다. 다양한 분야의 책을 읽은 것으로 보이지만 올려져 있는 책들은 모두 8 혹은 800번으로 분류된 문학 분야의 책들이다. 또 다른 다독가의 독서 목록을 보니 대부분 육아서, 인테리어, 요리, 자녀 교육 등의 책들이었다. 이 책들도 모두 5 혹은 500번으로 분류된 기술과학. 그중에서도 590번대의 가정학, 가정생활에 속하는 책들이다. 전형적인 편식 독서라 할 수 있다. 나는 책을 고를 때 도서관의 십진분류법을 떠올려 가능한 겹치지 않도록 한다. 그 후 독서 목록을 작성하고 책 분야가 균형 있게 되어 있는지 다시 한 번 체크한다.

키가 크길 원하는 성장기 아이 중에는 키를 크게 해준다는 칼슘이 들어간 우유나 멸치만 먹는 아이들이 있는데, 칼슘을 제대로 흡수하기 위해서는 비타민 D를 함께 먹는 것이 좋다고 한다. 편식 독서만 하는 것은 '칼슘'만 섭취하는 것과 같다. 제대로 잘 크기 위해서는 칼슘과 비타민 D, 지방, 단백질, 비타민 등 다른 영양소가 모두 균형 잡혀야 한다. 독서도 마찬가지다. 편식 독서만 해서는 삶의 변화가 적을 수밖에 없다. 적극적인 균형 독서로 삶의 변화를 경험해 보자. 만약 지금 당신이 독서를 많이 하는데도 삶에 변화가 없다면 편식 독서를 하는 것이 아닌지 꼭 점검해 보길 바란다.

기적을 만드는 엄마의 책 공부

5부

엄마의
독서가
가족을 키운다

가족 독서 시간 만드는 법

가족 중에 혼자 책을 읽어 한동안 이상한 엄마가 되었다. 하지만 지금은 온 가족이 함께 책을 읽어 책을 읽지 않은 사람이 오히려 이상한 사람이 되었다. 온 가족이 책을 읽기 위해서는 우선 거실에 있는 소파와 텔레비전을 치워야 한다. 그 자리에 테이블과 의자, 책장을 놓아 거실을 서재처럼 만들자. 그 곳에서 함께 책 읽는 시간, 책을 읽고 대화하는 시간, 책 놀이하는 시간을 만들어 책이 일상이 되는 가족 문화를 만들자.

#1
아이
독서 습관 만드는
다섯 가지 방법

가족 독서 형태

가족이 함께 독서를 하는 방법은 다양하다. 구성원 모두가 함께하는 것이 이상적이지만, 경우에 따라 부부만 하는 경우도 있고, 엄마와 자녀만 하는 경우, 아빠와 자녀만 하는 경우도 있다. 보통 한 명이 시작하다 구성원에게 확산되는 양상을 보인다. 우리집도 처음에는 나 혼자 책을 읽다가 지금은 온 가족이 함께 책을 읽고 있다. 어떤 형태든 구성원 2인 이상이 함께 하면 가족 독서라고 부를 수 있다. 가족 독서를 할 때는 각자 다른 책을 읽어도 좋지만, 같은 책을 함께 읽는 것도 좋다.

　가족 독서는 먼저 구성원 모두가 책 읽는 습관을 기른 후, 같은 책을 함께 읽기, 읽은 책으로 토론하기 등으로 발전시키는 것을 추천한다. 가족이 함께 독서를 할 때 잘 안 되는 첫 번째 이유는 부모가 지나치게 교육적인 목적으로 독서를 시작하기 때문이다. 아이가 책을 읽고 있으면, 바른 자세로 앉아 읽으라고 잔소리하고, 다 읽고 나면 종이를 들이밀며 독서록을 쓰라고 강요한다. 그렇게 하면 아이는 짜증이 나고 숙제처럼 느껴지게 되면서 책과 멀어지게 된다. 처음 아이와 가족 독서를 시작할 때는 '들려주기'를 먼저 하고, '읽기', '말하기' 순서로 하는 것이 좋다. 아이가 이런 과정을 충분히 따라간다고 느낀다면 마지막 '쓰기'로 넘어가자.

책 읽는 분위기 만들기

　'엄마가 책을 읽으면 아이들이 따라서 책을 읽는다'는 말을 흔히 한다. 하지만 그렇지 않은 경우도 많다. 엄마인 내가 하루 한 권 책 읽기를 하느라 아이들에게 매일 책을 읽는 모습을 보여줬는데 아이들은 오랜 시간을 보고도 따라 읽지 않았다. 우리 가족이 책을 읽기 시작한 건 책을 읽을 수 있는 분위기를 만들고부터였다. 바로 '거실의 서재화'

이다.

　어느 집에 가도 거실에는 소파와 텔레비전이 있다. 하지만 우리집 거실에는 소파와 텔레비전이 없다. 거실에 소파와 텔레비전이 있는 풍경이 자연스러우면, 소파에 앉아 텔레비전을 보는 가족들의 풍경도 자연스러워진다. 누군가 자녀 독서지도의 3대 적으로 스마트폰, 텔레비전, 아빠를 꼽는다는 우스갯소리를 한 적이 있는데, 우리집도 마찬가지였다. 거실을 서재화 하기 위해 소파와 텔레비전을 없애겠다고 말하자 남편은 "소파와 텔레비전을 버린다면 나도 함께 버려라"며 결사반대를 외쳤다. 그래서 한동안은 실행하지 못하다가 이사하면서 기회가 생겼다. 소파가 너무 낡아 새로 사야 한다는 구실로 기존 소파를 버린 후 이사를 했다. 새집에 도착해서 텔레비전을 거실이 아닌 방으로 옮겨 설치했다. 자연스럽게 거실이 비게 되었다. 소파 있던 자리에 6인용 책상과 의자를 놓고, 텔레비전이 있던 벽면엔 책장 2개를 넣었더니 거실의 서재화가 완성되었다. 물 흐르듯 자연스럽게 일어난 일이라 극렬하게 반대했던 남편도 별말 없이 받아들였다. 가족이 책을 읽을 수 있는 환경의 첫 번째는 가족이 자주 모이는 거실을 서재로 꾸미는 것이다. 많은 돈이 필요한 일도 아니다. 그저 소파와 텔레비전을 치우고 책상과 의자, 책장을 넣기만 하면 된다.

　부모님은 나에게 책을 읽으라고 강요하신 적이 없다. 그럼에도 초등학생 때부터 내가 책을 많이 읽은 건 집 안에 책이 많았기 때문이다.

다른 건 몰라도 아버지는 내가 읽고 싶다고 하는 책은 원 없이 사주셨다. 3~40권씩 되는 전집을 포함해 내 책장에는 항상 새 책이 가득했다. 중·고등학생 때는 안방에 있던 19금 책까지 몰래 읽었다. 그렇게 읽었던 것이 지금의 하루 한 권 책 읽기의 초석이 되지 않았나 싶다.

거실을 서재화 한 후 1년 동안 첫째 아이는 책을 380권을 읽고, 둘째 아이는 70권을 읽었다. 엄마 혼자 아무리 읽어도 따라 읽지 않던 아이들에게 나타난 드라마틱한 변화였다. 이것은 우리집에서만 일어난 일이 아니다. 내 강연을 듣고 독자 중 한 분도 거실에 텔레비전을 없애고 책과 테이블을 놓았더니, 눈만 뜨면 텔레비전을 보여 달라고 조르던 아이들이 신기하게도 책을 읽어달라고 하더라는 후기를 인터넷에 올리기도 했다. 그러니 이 글을 읽고 있는 엄마들이여, 가족과 함께 책을 읽길 원한다면 지금 당장 거실의 서재화를 실천해 보자.

자녀 독서 습관 만들기

독서법 강연을 하던 중 어느 독자가 "왜 아이에게 독서를 시켜야 하나?"라는 질문을 한 적이 있다. 그때 나는 "가치관에 따라 독서를 시키지 않아도 된다. 하지만 독서는 모든 공부의 기초가 된다. 단지 학업 성적을 올리는 것뿐만이 아니라 텍스트를 읽는다는 것은 세상의 정보를 알아간다는 것이다. 또한 독서가 선행되지 않으면 말하기와 쓰기도 잘할 수 없다. 최근 기사를 보니 50년 후의 행복과 성공은 독서력과 작문력에 좌우된다고 한다. 그래서 나는 우리 아이들에게 독서 습관을 꼭 만들어 주고 싶다"라고 말했다.

아이들이 책 읽기를 싫어하는 이유는 무엇일까? 2018년 서울신문에서 조사한 결과에 따르면 학교와 학원에 다니느라 시간이 없어서가 1위였지만 2위부터 5위까지는 모두 독서 습관에 관련된 대답이 이어졌다. 어떻게 책을 읽어야 할지, 어떤 책을 읽어야 할지 모르겠다는 대답이 대부분이었다. 그러니 아이가 책을 읽기 바란다면 늦기 전에 책 읽는 습관을 길러줘야 한다.

부모가 책 읽기를 싫어하면 아이도 책을 좋아하지 않을 가능성이 크다. 독서를 싫어하는 부모들은 자신의 경험을 바탕으로 아이들도 당연히 책을 좋아하지 않을 것이라 생각하고 '벌'로써 책 읽기를 시키는 경우도 있다. 숙제처럼 억지로라도 시켜야 한다는 생각에 실컷 혼을 낸 후에 무서운 목소리로 "지금부터 책 읽어"라고 한다. 자연스럽게 아이들은 책은 '벌'이고 안 좋은 것으로 기억하게 된다.

아이에게 모든 것은 '놀이'가 될 수 있다. 이 말을 독서에도 적용해 보면 어떨까? 아이들이 책 읽기가 '벌'이 아닌 즐거운 '놀이'이자 '상'으로 받아들일 수 있는 다섯 가지 방법을 제안한다.

자녀에게 책 읽는 습관 만들기 다섯 가지 방법

첫 번째. 책 읽는 시간은 즐거운 시간이다

부모가 먼저 책 읽기를 '놀이'라고 생각하자. 책 읽기는 즐거운 일이다. 좋아하는 것을 제공하는 것으로 행동을 증가시키는 정적 강화 (Positive Reinforcement) 방식으로 아이들이 자연스럽게 독서를 즐거운 것으로 인식하게 만들자. 책을 읽지 않았다고 벌을 주고, 잔소리하지 말고, 오히려 잘못된 행동을 했을 때 책을 읽을 수 없다는 벌을 주면 어떨까? 그렇게 하면 자연스럽게 독서가 '상'이 될 수 있다. 책을 읽는 시간을 귀하고 즐거운 시간으로 인식될 수 있도록 하자.

두 번째. 독서 목록으로 이력 관리 및 성취감 증진

아이들이 책을 읽을 때마다 책 제목을 쓰게 한다. 일종의 독서이력 관리라고 생각하면 될 것 같은데 리스트가 쌓일수록 아이들의 성취감도 높아진다. 아이가 둘 이상일 경우엔 자기들끼리 경쟁이 되어 이력을 높이기 위한 자발적인 독서가 늘기도 한다. 독서 목록은 나중에 진학할 때 중요한 자료가 될 수도 있으니 성실하게 적어서 관리하자.

세 번째. 독서로 용돈 주기

독서 목록에 적은 책이 10권이 될 때마다 아이들에게 1천 원씩 상금을 준다. 아이는 읽은 책이 50권이 되면 5천 원, 100권이 되면 1만 원을 상금으로 받게 되는 것이다. 마트에 가면 아이들이 매번 장난감을 사달라고 해서 곤란해하는 부모가 많다. 나는 아이들이 갖고 싶은 장난감이 있다고 하면 책을 읽어서 받은 상금을 모아 사라고 말한다. 나는 아이들이 책을 읽지 않는다고 잔소리하지 않는다. 아이들은 책을 읽지 않아도 불이익이 없지만, 책을 읽으면 이익이 생긴다는 것을 정확하게 인지한다. 그래서 시키지 않아도 알아서 열심히 책을 읽고 보상을 받는다. 갖고 싶은 장난감이 생기면 눈에 불을 키고 읽기도 한다.

네 번째. 넛지를 주자

상금이나 이익이 있더라도 책 읽기를 매일 성실하게 한다는 것은 어려운 일이다. 세상에는 자극적이고 재미있는 것들이 너무 많기 때문이다. 그래서 순간순간 독서가 끊긴다. 그럴 때조차 아이들에게 "책 좀 읽어"라고 말하면 안 된다. 입이 아무리 근질근질하고 속이 부글부글 끓어올라도 참아야 한다. 대신 부드러운 개입으로 더 좋은 선택을 할 수 있도록 유도하는 넛지(Nudge)를 사용해보자.

"은규는 책 410권 읽었네! 선규는 몇 권 읽었어?"
"은규야 너 지금 425권 정도 읽었던데 몇 권만 더 읽으면 선물 받겠다"

"선규 4월에 어린이집에서 독서왕이었다며?"

이런 식으로 아이들이 독서에 관심을 가질 수 있도록 환기를 시키
자. 이것으로도 충분히 효과가 있다.

다섯 번째. 상주기는 그날 바로, 즉시

아이들이 10권, 50권, 100권 독서 목록을 달성하면 주는 상금은
반드시 다 읽은 그 날, 즉시 주는 것을 권한다. 아이들에게는 "나중에
줄게"라는 말이 통하지 않는다. 안 주는 것과 같다. 나는 밤 9시이든,
아침 8시든 독서 목표를 달성하면 그 즉시 상을 준다. 그리고 한 아이
가 50권, 100권을 달성하면 다른 아이에게도 추가로 몇천 원씩을 준
다. 이렇게 주는 이유는 적극적인 칭찬을 해주기 위해서이다. 첫째가
100권을 읽으면 둘째에게 "형이 100권 읽어서 너도 같이 용돈을 받
는 거야" 둘째가 50권을 읽으면 첫째에게 "동생이 책 50권을 읽어서
형도 용돈을 받는 거야"라고 말한다. 이로 인해 서로에게 고마운 마
음, 으쓱한 마음을 가질 수 있다. 때론 선의의 경쟁자가 되기도 한다.

남편 독서 습관 만들기

자녀 독서지도보다 어려운 것이 바로 배우자 독서 습관 만들기이다. 내가 책을 읽는다고 남편에게 책을 읽으라고 한다면 순순히 읽을까? 절대 그렇지 않다. 그러니 남편이 책을 읽게 만들겠다는 생각은 버리자. 하지만 도저히 버려지지 않고 남편과 함께 읽고 싶은 마음이 계속해서 든다면 살짝 추천하고 싶은 방법은 있다. 바로 남편이 관심 있을 만한 책으로 넛지를 주는 것이다. 우리 남편은 '정치'에 관심이 많고, 지금 하는 일은 '중국 무역'이라 아무래도 그쪽 분야에 관심이 많다. 그래서 출장을 갈 때 가방에 관련 책 한 권을 슬쩍 넣어준다. 출장을 가면 저녁에 할 일이 없기 때문에 이따금 읽어나 보라는 의도다. 또, 남편이 나름 자신 있어 하는 '정치'에 대해 관련 책을 먼저 읽은 후 일부러 남편에게 질문하기도 한다. 질문을 시작으로 토론을 유도하는 것이다. 나는 잘 모르는 분야니까 남편은 신나서 얘기하고, 나는 간간이 읽은 책에 관해 얘기한다. 그러면 남편은 자연스럽게 그 책이 뭔지 관심을 갖게 되고 급기야 찾아 읽어 보기도 한다.

하지만 가장 효과적인 방법은 책을 읽으면서 변화하는 모습을 남편이 체감하는 것이다. 책을 읽으면서 매일같이 쏟아내던 남편과 시어머니에 대한 불만과 짜증도 줄고, 아이들에게도 웃으면서 말을 하는 등 가정에 긍정적인 변화가 생겼다. 나아가 직업적으로 안정되고,

경제적인 부분도 좋아지니까 독서에 대해 적대적이었던 남편의 태도도 호의적으로 바뀌게 되었다. 물론 그렇다고 해도 다 큰 성인인 남편을 내 뜻대로 독서가로 만들지는 못했다. 하지만 내가 꾸준히 책을 읽으며 변화하는 모습을 보여준다면 가장 가까이에 있는 남편도 영향을 받지 않을까? 장기전이라 생각하고 기대해본다.

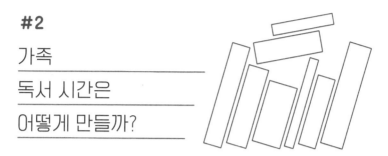

#2

가족
독서 시간은
어떻게 만들까?

가족 독서 시간은 구성원이 책을 읽는 시간을 말한다. 다른 책을 읽지만 같은 시간과 장소에서 읽을 수도 있고, 서로 같은 책을 읽지만 다른 시간과 장소에서 읽을 수도 있다.

잠자기 전 독서

예전에는 잠이 들기 전 아이들에게 스마트폰으로 동영상을 보여줬다. 하지만 책 읽기를 시작하고부터는 자기 전에 책을 한 권씩 읽어주고 있다. 자기 직전에 보는 동영상이 아이들의 깊은 수면을 방해한다고 한다. 영상을 보고 나서 쉽게 잠이 들지 못하는 아이들에게 짜증도 많이 냈는데 나중에야 원인을 알고 속으로 반성하기도 했다.

밤 11~12시에나 잠이 들던 아이들은 이제 밤 10시만 되면 잠이 든다. 책을 읽어주며 재우니 영상을 보던 예전에 비해 잠이 드는 시간이 짧아진 것도 물론이다.

부모는 아이가 여섯 살 미만일 때는 책을 읽어주며 재우는 베갯머리 독서(Bed Side Story)를 많이 한다. 하지만 앞에 언급한 대로 아이가 글을 읽을 수 있게 되면 부모 목소리로 책을 읽어주는 일은 줄어든다. 전문가들은 초등학교 졸업할 때까지 부모가 아이에게 자기 전에 책을 한 권 읽어주는 것이 정서상 아주 좋다고 한다. 잠들기 전 독서는 아이의 마음을 편안하게 해주고, 안정감을 느끼게 해주기 때문이다. 엄마와 아빠의 목소리로 들려주는 이야기에 집중하며 경청하는 능력도 길러준다. 그러니 부모들이여. 조금만 더 아이에게 책을 읽어주자.

매일 각자 20분 독서

세살 유아가 집중할 수 있는 시간은 20분이라고 한다. 그렇다면 일단 세살 이상의 아이는 최소 20분은 집중 독서를 할 수 있다는 뜻이다. 아이의 뇌는 태어난 순간부터 세 살이 될 때까지 급속도로 발달한다. 다섯 살이 되면 뇌 무게가 성인의 95%에 이른다고 한다. 그러니 어릴 때 책을 많이 읽어주는 것이 좋다. 그렇다면 여섯 살 이후의 아이들에게는 독서의 효과가 별로 없다는 것일까? 대답은 '아니다'이다.

미국의 정신의학 박사인 제이 기드$^{Jay Giedd}$가 95년 연구한 결과에 따르면 인간의 뇌는 세 살까지 급속도로 성장하다가 사춘기를 기점으로 두뇌 회로가 급속도로 재편된다고 한다. 대뇌피질이 두꺼워지면서 신경세포의 연결망이 복잡해지는데, 대뇌피질의 신경세포가 가장 복잡하고 두꺼워지는 시기가 바로 사춘기 시절이라는 것이다. 이때를 두뇌 재도약기라고 부르기도 한다.

우리 아이들이 여섯 살이 되기 전에는 책을 읽을 수 있는 환경도 만들어주지 못했고, 책도 읽어 주지 못했다. 다행히 아이들이 아직 열한 살, 여덟 살이기 때문에 기회가 있다. 본격적인 사춘기가 될 때까지는 몇 년의 시간이 남았으니 그동안 열심히 함께 책을 읽도록 할 생각이다

아이 독서는 콩나물시루에 물을 붓는 것과 같다. 오늘 책을 많이 읽었다고 바로 변화가 생기지는 않지만, 아이들의 몸에 흡수되면서 영양분이 된다. 매일 20분 가족 독서는 분명 그 시작이 될 수 있다.

형제와 남매가 함께 책 읽는 시간

우울증과 불면증으로 아이들에게 책을 읽어주지 못했던 시기가 있었다. 그래서 엄마 대신 형제끼리 책을 읽어 주면 좋겠다는 생각이 들었다. 이제 막 한글을 깨우친 형이 한글을 모르는 동생에게 책을 읽어주는 것이다. 둘째가 자꾸 책을 읽어달라고 보채던 때였다. 그래서 첫째 아이에게 동생이 고른 책을 읽어주라고 했는데 그게 오랫동안 지속되었다. 나중에는 둘째가 고른 책을 읽어주면 첫째에게 네가 읽은 책으로 독서목록에 넣어주겠다고 해서 더 신나게 읽었던 것 같다. 둘째가 고른 책은 대체로 글씨가 적고 그림이 많은데다 이미 읽은 책들이라 첫째 입장에서는 매우 쉬운 책이었기 때문이다. 둘째는 글씨를 잘 읽을 줄 모르는데 형이 읽어주니 무척 좋아했다. 엄마인 나도 좋고, 첫째도 좋고, 둘째도 좋은 꿀팁이다. 형제간에 우애도 돈독해지는 것은 덤.

일상의 가족 독서

나의 작은 소망은 남편과 함께 도서관에 가거나 카페에서 책을 읽고, 함께 토론하는 것이다. 내가 생각하는 이상적인 부부의 모습이기도 하다. 하지만 나는 아직 남편과 같은 공간에서 함께 책을 읽어본 적이 없다. 강요란 걸 알기 때문에 함께 읽자고 말하진 않고, 언젠가는 그 소망이 이뤄지지 않을까하는 기대만 하고 있다.

가족이 함께 모여 긴 시간을 보내는 여행이나 휴가를, 가족 독서 시간으로 삼아도 좋다. 나는 아이들과 함께 여행을 갈 때 차에 아이들 책과 내 책을 함께 가지고 간다. 이동하는 시간에 아이들이 스마트폰을 많이 보는데, 차 뒷자리에 애들 책 몇 권 넣어두면 이동 시간이 지루한 아이들이 자연스럽게 책을 읽기도 한다. 스마트폰을 보는 시간 중간에 책을 한권씩 읽으라고 얘기할 수도 있다. 그러니 여행 시에도 아이들 눈에 잘 띄는 곳에 책을 적극적으로 퍼트려 놓자.

#3
아이 연령별
책 고르는
세 가지 방법

아이 책 고르는 세 가지 방법

첫 번째. 실제 나이와 책 나이는 다르다

아이 책을 고를 때 가장 주의할 점은 아이마다 책 읽는 수준이 다르다는 것을 알아야 한다는 것이다. 우리도 성인 대상으로 나와 있는 인문 고전이나 전문 도서를 모두 쉽게 읽지는 못하지 않은가. 아이도 마찬가지다. 초등학교 3학년용이라고 모든 3학년 아이들이 쉽게 읽을 수 있다는 뜻은 아니다. 경우에 따라서는 초등학생이 청소년용 책을 재미있게 읽을 수도 있고, 미취학 아동용 책이 더 맞을 수도 있다.

글의 양을 말하는 '글밥'이 보통 아이들 책을 골라줄 때의 기준이 된다. 처음 책을 고를 때는 '글 없는 책'부터 시작하는 것이 좋다. 그다음 단계는 그림이 많고 2~3줄의 글이 있는 책, 그다음은 그림이 적고 5~10줄의 글이 있는 책, 이렇게 글밥이 점점 많아지도록 바꿔주는 것이다. 이때는 절대적으로 아이 연령에 맞추기보다 아이들 수준에 맞춰 책을 선택해야 한다. 단순히 연령에 맞춰, 독서를 이제 막 시작하는 아이에게 글밥이 많은 책을 주면 안 된다. 조금씩 천천히 책의 수준을 발전시켜야 한다. 그래야 아이들도 책 읽기를 쉽게 느끼고 흥미를 가질 수 있다. 아래는 어린이 독서토론 학원에서 소개한 학년별 권장 분야다.

아이들의 흥미와 관심도가 다르고 실제 나이와 책 나이도 다르니

학년별 권장 분야

미취학	초 1~2	초 3~4	초 5~6	중·고등
정보 이야기	문학	사회 과학 동화 명작	예술 역사 고전문학	교과연계 비문학 문학

※출처: 독서토론 학원

참고만 하자. 나도 첫째가 아홉 살부터 본격적인 독서지도를 시작했는데 나이에 맞는 책부터 시작하지 않고, 미취학 아동용 책부터 시작했다. 만만하고 쉬운 책으로 시작하니 아이도 재미있어 했고, 같은 책이어도 미취학 아이와 아홉 살 아이가 이해하는 깊이가 많이 달라 책을 통해 얻어가는 것도 적지 않았다. 이런 성공 경험이 쌓여 책을 꾸준히 읽게 되고 지금은 청소년용 책을 한번씩 읽자고 해도 흔쾌히 읽는다.

두 번째. 부모가 먼저 읽은 후 읽힌다.

어린이 대상의 책을 보면 의외로 문제가 될만한 내용이 담겨있는 책들도 많다. 대표적인게 성차별적인 내용이다. 한번은 아이가 보는 그림책에서 엄마는 앞치마를 하고, 아빠는 서류 가방을 들고 출근을 하는데, 나는 앞치마를 한 적이 없고, 남편도 서류 가방을 들고 출근한 적이 없으니까 첫째가 이상해했다. "엄마는 왜 앞치마를 안 해? 아빠는 왜 서류 가방을 안 들고 출근해?"라고 물어 당황한 적이 있다. 어떤 책은 그림이 너무 무섭게 그려져 아이들이 책을 읽다가 놀라는 경우도 있다. 그런 책은 내용이 아무리 좋아도 읽히지 않으려고 한다. 또 작가가 짧은 분량에 지나치게 많은 의미를 주려고 해 읽고 나서도 주제가 파악이 안 되는 책도 더러 있다.

아이들 책은 부모가 (정독까지는 아니더라도) 대략적인 내용은 파악하고 읽히면 좋다. 이렇게 하면 아이에게 책을 선별해서 읽힐 수 있다는 장점이 있다. 또 다른 장점은 아이가 책을 대충대충 본 후 "엄마, 나 책 다 읽었어" 하는 경우에 부모가 책의 내용을 질문해 볼 수 있다는 것이다. 질문에 대한 답을 통해 아이가 얼마나 정확히 읽었는지 파악해 볼 수 있다.

세 번째. 아이가 고르게 하라.

프랑스의 사상가 장 자크 루소^{Jean Jacques Rousseau}는 책 《에밀》에서 아이에게 복종을 가르치면 안 된다고 강조하며, 아이가 현재 가진 관심이 배움의 가장 큰 동기이자 끝까지 이끌어줄 유일한 동기라고 설명한다.

기본적으로 책은 어른이든 아이든 자기가 관심이 가는 책을 읽어야 한다. 그러니 아이의 관심에 따라 책을 직접 고르게 하자. 나는 아이와 함께 자주 서점에 놀러 간다. 아이에게 책을 직접 보고 고르게 하기 위해서다. 그렇게 산 책은 내용이 조금 어려워도 끝까지 관심을 가지고 읽는다. 그런데 아이에게 스스로 책을 고르게 하니 글밥이 적거나 학습만화 같은 책만 여러 권 사는 게 아닌가. 또 관심 있는 주제만 계속해서 읽기에 고민하다가 방법을 조금 바꿨다. 서점에서 아이가 책을 한 권 고르면 내가 또 한 권을 추천하는 식이다. 추천하는 책들은 가능하면 다양한 주제로 했다. 그렇게 하니 다양한 주제의 책들로 균형 있게 읽힐 수 있어 좋았다.

미취학 아이 책 고르기

12개월 미만 아이는 책을 장난감으로 아는 시기이다. 무엇이든 입으로 가져가는 구강기임으로 책의 내용보다는 물리적인 특성이 더 중요하다. 헝겊이나 부드러운 재질로 되어 있고 소리가 나거나 밝은색의 책이라면 무엇이든 좋다. 24개월 미만 아이는 손 근육을 움직이면서 책을 움켜쥘 수 있기 때문에 손에 쥐어지는 작은 크기로 밝고 선명한 색감을 가진 책이 좋다. 이때는 책을 읽히는 것보다 책을 통해 부모와의 애착 관계를 형성하는 것이 중요하기 때문에 책을 도구로 스킨십을 하거나 책을 소리 내어 읽어 아이에게 목소리를 들려주는 것이 좋다. 3~5세 유아는 일상생활을 소재로 한 짧은 문장 1개로 구성된 책을 선택하고, 6~7세 아동은 글씨를 조금씩 알아가는 단계이므로 그림과 글이 함께 있는 그림 동화책을 고르는 것이 적절하다. 6~7세 때는 아이들이 글을 읽을 줄 알아도 혼자 읽기보다는 부모가 함께 책을 읽어주는 것이 독서능력 향상에 도움이 된다.

초등학생 아이 책 고르기

초등학생 자녀에게는 교과서에 나오는 책들을 미리 사서 방학 동안 읽게 하면 좋다. 선행독서는 아이의 학습에도 도움이 된다. 보통 방학하면 다음 학기의 교과서를 집으로 보내준다. 아이와 함께 교과서를 훑어본 후 수록된 책과 학년별 필독서 중에 아이가 좋아할 만한 책들을 사서 책장에 꽂아둔다. 경우에 따라 사설 독서지도교실이나 어린이독서토론모임의 선정 교재, 학교도서관저널의 추천독서 중에 아이가 관심을 가질만한 책도 사서 함께 진열하면 좋다.

초등학교에서는 매주 한 권의 책을 읽고 독서록을 쓰는 숙제가 있다. 물론 유치원에서도 책 읽기는 했지만 독서록 같은 글쓰기를 해본 적이 없으니 처음에는 아이가 너무 힘들어했다. 책을 읽은 후 반드시 독서록을 써야 한다고 강제하면 아이는 점점 책 읽는 것을 싫어할 확률이 높다. 그래서 처음에는 다른 친구들이 쓴 독서록의 예시를 보여주고, 참고해서 쓰라고 했다. 서점에는 초등학교 선생님이 쓴 독서록의 다양한 예시를 묶은 책들이 있고, 인터넷으로 조금만 찾아보면 다른 어린이들이 쓴 독후감들도 많다. 온라인 서점의 책 리뷰나 서평들을 찾아 보여주기도 했다. 그렇게 보여주니 막연하게 생각했던 아이도 어떻게 독서록을 써야 하는지 감이 온다고 했다.

매주 독서록을 쓸 때마다 조금이라도 쉽고 재미있게 쓸 수 있도록 다양한 방법을 제안했는데, 관찰 독서록, 마인드맵 독서록, 일기 독서록, 만화 독서록, 표지 독서록, 설명 독서록 등이다. 일반적인 양식에 따른 지루한 독서록에서 벗어나 자유롭게 쓰게 하니 아이도 독서록을 쓸 때마다 어떤 방법으로 쓸까? 생각하고, 재미있어했다.

청소년 아이 책 고르기

청소년기는 강요에 의한 독서는 할 수 없고 오로지 자발적인 독서만 가능한 시기이다. 대부분의 청소년 추천 도서는 학업과 연계된 문학과 비문학인데 우리가 학창시절에 읽었던 필독서가 지금도 유효하다고 보면 된다. 요즘 중학생이 많이 보는 장르는 웹 소설이고, 고등학생이 많이 보는 장르는 판타지 소설이라 한다. 적은 분량의 단편 웹 소설과 현실과 맞지 않는 판타지 소설만 읽는 청소년에게 어떤 책을 읽혀야 할지 고민이 많다.

가족 독서와 연계해서 추천하고 싶은 방법은 책을 원작으로 한 영화, 뮤지컬, 드라마 등이 많은데, 원작 책을 함께 읽은 후 해당 영화와 뮤지컬, 드라마를 보는 방법이다. 영상을 본 후 토론을 하는 방법도 있다. 아무래도 자녀가 좋아하는 연예인이 출연하는 콘텐츠가 반응이 좋으니 관심 있게 찾아보자. 드라마에 소개된 책이나, 특정 연예인이 추천하는 책, 연예인의 목소리로 녹음된 오디오북도 추천한다.

#4
가족독서토론은
어떻게
해야 할까?

소리 내어 읽기부터 시작하자

책을 소리 내어 읽는 것은 아주 오래전부터 해온 대표적인 책 읽기 방법이다. '낭독 독서'라고 불리기도 한다. 중세 시대에는 책을 읽을 때 소리 내지 않고 속으로만 읽는 것을 이상하게 생각했다고 한다. 수업 시간에도 선생님이 소리 내어 책을 읽으면 학생들이 따라 적는 식으로 진행했다고 한다.

아이들이 책을 읽을 때 소리 내어 읽게 하면 발음과 집중력이 좋아진다. 2013년 MBC에서 방송한 〈우리 아이 뇌를 깨우는 101가지 비밀〉에서 소리 내어 책을 읽을 때의 뇌를 기능적 자기 공명 영상 (Functional Magnetic Resonance Imaging)을 통해 보니 속으로 읽을 때는 보이지 않았던 전두엽의 일차운동영역과 말하기 중추인 브로카영역, 듣는 청각영역이 활성화되는 것을 볼 수 있었다. 즉 낭독은 많은 자극이 동시에 이루어져 뇌를 쉽게 활성화 할 수 있다.

집중이 잘 안 될 때는 소리 내어 책을 읽는다. 특히 버스나 카페에 있는 경우 나도 모르는 사이 주변 말소리에 끌려가게 되는데, 그때 책 내용을 소리 내어 읽으면 다른 곳에 집중력이 흩어지지 않고 책에 집중할 수 있다.

아이가 소리 내어 책을 읽으면 부정확한 발음이 교정되면서 자연스럽게 말하기도 잘하게 된다. 필사하면 글쓰기 능력이 향상되듯, 낭독은 말하기 능력을 향상 하는 중요한 기초가 되기도 한다. 엄마 입장에서는 아이가 지금 책을 집중해서 잘 읽고 있는지 파악할 수 있다는 장점도 있다. 그래서 나는 집에서 아이가 독서를 할 때 될 수 있는 대로 소리 내어 읽게 하고, 자기 전 베갯머리 독서를 할 때는 내가 소리 내어 읽어주고 있다. 소리 내어 읽기를 시작할 때는 꼭 '책'으로만 해야 하는 것은 아니다. 어린이 신문이나 잡지, 영화 포스터, 아이들 캐릭터 카드 등 다양한 종류의 텍스트를 읽게 하여 아이의 흥미를 돋워주자.

책을 읽고 나면 꼭 대화하자

책을 읽어주는 것만큼 중요한 것이 읽은 후의 대화이다. 나도 처음엔 책을 많이 읽어주기만 하면 아이에게 좋을 것이라 생각했다. 하지만 대화할 때 나오는 단어가 훨씬 많다는 사실을 알고 나서 책을 읽은 후 아이와 대화를 하는 것이 더욱 중요하다는 사실을 알게 되었다.

SBS 스페셜 팀에서 지은 《밥상머리의 작은 기적》이라는 책을 보면 하버드대 연구진이 53가구를 추적 조사했는데 아이들의 학업성적은 언어능력에 의해 좌우된다고 나왔다. 학업성적의 직접적인 기반이 되는 것은 어휘력이며, 또래보다 단어를 많이 알고 어휘력이 풍부한 아이가 4~10년 후의 독해력도 훨씬 우수하다고 한다. 또, 하버드대 아동 언어학자인 캐서린 스노Catherine Snow 교수는 아래와 같이 말하며 대화의 중요성을 강조했다.

"엄마가 책을 읽어주기만 한다고 아이의 어휘력이 달라지지 않아요. 책을 읽은 후 아이에게 질문하고, 마음에 들었던 점을 이야기하고, 다음에 생길 일을 예상해 보게 하면서 책 읽기를 토론으로 발전시키죠. 그런 과정을 거친 아이는 어휘력이 풍부해질 가능성이 매우 큽니다. 아이의 어휘력은 처음에는 대화로 시작되었다가 그 후 독서를 통해 발달하게 됩니다. 이때 대화를 하지 않아 아는

단어가 적은 아이는 그만큼 텍스트에 대한 이해도가 떨어지고 그
것이 학습부진으로 이어지도 합니다"

유대인들은 도서관에서도 조용히 책을 읽지 않는다고 한다. 모르
는 사람과도 일대일로 토론할 수 있도록 도서관을 운영한다. 유대인
이 전 세계에서 노벨상을 가장 많이 받은 이유도 이렇게 토론하는 유
대인 전통 도서관 '예시바' 덕분이라 한다.

읽는 것은 생각 없이도 할 수 있지만, 말은 생각 없이는 할 수 없다.
말은 생각을 부르고, 생각은 또 생각을 부르기 때문에 생각을 키우기
위해서는 대화를 많이 해야 한다.

앞서, 책을 읽을 때의 슬로건이 '머리-가슴-발 독서'라고 했다. 이
것은 아이들에게도 마찬가지로 적용된다. 텍스트만 읽는다고 저절로
달라지는 것은 없다. 책을 읽은 후 아이와 대화로 가슴 독서를 끌어내
고, 놀이와 여행, 체험학습 등으로 발로 읽는 독서가 되도록 해야 한다.

책으로 대화하기 질문 예시

책을 읽고 대화하는 것은 어려운 일은 아니다. 가장 쉽게 할 수 있
는 것은 책을 읽고 나서 줄거리를 말하도록 하는 방법이다.

책을 읽은 후 줄거리를 말하는 것이 왜 좋을까? 그 이유는 책 내용을 충분히 이해해야만 메인 줄거리와 곁가지 줄거리의 구분이 가능하고, 책의 주제를 파악해야 주제에 따른 내용 요약이 가능하기 때문이다. 즉 여러 가지 정보를 조합하여 축약된 이야기를 만드는 훈련이 된다는 뜻이다. 이런 훈련을 계속하면 어떤 글을 읽든지 핵심 파악이 가능해진다. 상대방의 얘기 속에서도 핵심을 파악할 수 있는 능력도 길러진다. 베스트셀러 작가인 사이토 다카시는 무언가를 기억하는 최고의 방법은 '이야기'라고 말한다. 책 이야기는 꼭 책상에서만 해야 하는 것은 아니다. 이동 중인 차안이나 밥을 먹는 시간에도 가능하다. 가족들과 함께 식사하는 시간이 많을수록 아이의 성적이 좋아진다는 '밥상머리 교육'을 한번쯤 들어봤을 것이다. 왜 밥 먹은 횟수에 따라 성적이 올라가는 것일까? 밥을 먹으면서 공부를 하는 것도 아닌데 말이다. 그것은 바로 밥을 먹으면서 하는 가족 간의 '대화' 때문이다. 하지만 부모, 자식 간의 대화라는 것은 대체로 부모의 일방적인 잔소리나 훈육이 되는 경우가 많다. 이런 경우는 '대화'라고 할 수 없다.

레오 리오니Leo Lionni 작가의 《프레드릭》이란 그림 동화책으로 아이와 대화하기의 예시를 들겠다. 이 책은 네 살에서 일곱 살 사이 권장도서이자, 초등학교 3학년 2학기 교과서 수록 도서이다. 나는 이 책으로 아이들과 대화하기 위해서 아래와 같은 질문을 만들었다.

1. 이 책에 점수를 준다면, 몇 점을 줄까?
2. 이 책에서 가장 마음에 드는 그림이나 대사는 뭐야?
3. 들쥐들이 열심히 일할 때 프레드릭은 무엇을 한 것 같아?
4. 프레드릭이 모은 햇살, 이야기, 색깔 중에서 무엇이 가장 마음에 들어?
5. 너는 들쥐가 좋아? 프레드릭이 좋아? 이유는 뭐야?

많은 아이가 좋아하는 앤서니 브라운^{Anthony Browne}의 《돼지책》으로도 다음과 같은 대화를 나눌 수 있다.

1. 돼지책의 엄마는 갑자기 가출하네. 왜 했을까?
2. 엄마가 없어서 집이 엉망이 됐어. 혹시, 우리집도 이런 적이 있었던가?
3. 엄마가 집에 없는데 아이들은 그냥 기다리기만 하네. 왜 그럴까?
   너라면 어떻게 할 것 같아?
4. 제일 마지막 장면에서 엄마가 활짝 웃는 얼굴이 나와. 왜 활짝 웃었을까?

질문을 만들기 어렵다면, 거의 모든 책에 적용이 가능한 아래 일곱 가지 하브루타 독서코칭 질문을 사용해보자.

1. 낭독: 책을 소리 내서 읽기
2. 경험: 책 속 내용과 비슷한 경험이 있는지 이야기하기
3. 재미, 감동: 책에서 감동적이거나 재미있는 부분 이야기하기
4. 질문: 책과 관련된 질문 한 개씩 적고 서로 의견 말하기
5. 중요: 책에서 중요한 내용이 무엇인지 이야기하기
6. 메시지: 저자가 책으로 전달하고자 하는 메시지가 무엇인지 이야기하기
7. 필사: 책 속의 좋은 문장 필사하기

가족독서토론 준비 단계

아이 둘이 모두 초등학생이 되면 본격적인 가족독서토론을 하려고 독서토론모임 진행도 해보고, 그림책독서토론 과정을 배우기도 했다. 첫째 아이도 낭독독서모임, 또래독서토론에 참여하면서 경험을 쌓고 있다.

그림 동화책으로 성인독서토론을 하는 경우도 많다. 마거릿 와일드 Margaret Wild 작가의 《여우》라는 그림책으로 가족이 함께 독서토론을 한다면 어떤 질문을 만들 수 있을까? 아래 질문은 내가 참여하는 학습놀이학습체인 숭례문학당(www.shdang.kr) 성인 독서토론에서 실제로 사

용했던 논제를 정리한 것이다.

지인 중에 60대 독서토론지도사분이 계신데 그분은 매월 한 권의 책을 정해 아들과 며느리, 딸과 사위와 함께 온라인독서토론을 한다고 한다. 그 말을 듣고 너무 부러웠다. 요즘은 장소에 구애받지 않고 토론을 할 수 있으니 가족 중 한 명만 토론 진행을 할 수 있어도 가능하겠다는 생각이 든다.

#5
책으로
노는
일곱 가지 방법

초등학생 20명 독서습관 만들기 대작전

책으로 놀기는 내가 대학 4학년 때 했던 초등학생 돌봄교실에서 사용했던 방법들이다. 돌봄교실은 맞벌이 부모를 둔 초등학생 아이들 20명이 방과 후부터 부모가 데리러 올 때까지 모여서 공부도 하고, 간식도 먹고, 놀기도 하는 교실이다. 나는 이 아이들에게도 책을 읽히고 싶었다. 외동딸로 외롭게 자란 나는 좋은 선생님을 만나지도 못했고, 부모에게 좋은 보살핌도 받지 못했지만, 책을 통해 위로를 받고 많은 것을 배울 수 있었기 때문이다. 그래서 이 20명의 아이가 어떻게 하면 책에 관심을 가질 수 있을까? 어떻게 하면 책을 읽게 만들 수 있을까를 매일 고민했다. 그러다가 찾아낸 것이 바로 **책으로 하는 놀이**이다.

책으로 놀기

책으로 논다고 하면 흔히 신문활용교육(NIIE)이나 책 표지 꾸미기, 독후신문만들기 등을 생각하는데 이런 건 이미 학교나 어린이집에서 많이 하고, 학습적인 접근이라 아이들이 금방 지겨워한다. 그러니 학습적으로 접근하지 말고, 진짜로 책으로 게임을 하면서 놀자. 아래에 효과가 좋았던 몇 가지 책 놀이를 소개한다.

첫 번째. 책 탑 쌓기

10명씩 한 팀으로 30일 동안 읽은 책을 탑처럼 쌓아 어느 팀이 책을 더 많이 읽었는지 승부를 가리는 놀이다. 팀별로 경쟁심이 생겨 책을 더 많이 읽게 된다.

두 번째. 책 도미노

30일 동안 책을 쌓은 후에는 그 책을 도미노처럼 세워서 '책 도미노'를 해보았다. 도미노 게임을 통해 책이 어렵기만 한 것이 아니라 갖고 노는 장난감이 될 수도 있다는 것을 인식하게 만든다.

세 번째. 책 빨리 찾기 놀이

'책 찾기' 놀이도 아이들이 좋아했다. 예를 들면 펭귄 그림이 나오는 책 빨리 찾아오기, 펭귄 글씨가 쓰인 책 찾아오기, 작가 이름이 '김은선'인 책 찾아오기 등이다. 책을 읽지 않아도 할 수 있는 게임이긴 하지만 '내용에 제비가 나오는 책 찾아오기' 등과 같이, 평소 책을 많이 읽은 아이들이 유리할 수 있는 질문을 섞기도 한다.

네 번째. 빙고 게임

책을 재료로 하는 놀이뿐 아니라 책을 읽어야지만 참여할 수 있는 놀이도 했다. 매주 5권의 도서를 정해주고, '책 속 주인공 이름으로 빙고 게임하기' '책에서 나오는 단어로만 빙고 게임하기' 등을 했다. 빙고 게임은 빙고 판을 먼저 아이들이 작성하도록 한 후, 선생님이 책을 읽어주면 책에서 단어가 나올 때마다 본인 스스로 빙고 판에 동그라미를 치게 했다. 그러면 선생님이 낭독하는 내용을 아이들이 집중해서 듣게 되고, 책을 읽지 않은 아이들도 책을 귀로 들을 수 있으니 함께 놀기 좋다.

다섯 번째. 내용 맞히기

책을 읽기 전 '제목과 표지만 보고 내용 맞히기 놀이' '이야기 반만 읽어주고, 뒷부분 추측하기' 등이다. 뒷부분 알아맞히기 놀이는 가장 비슷하게 맞춘 아이 한 명과, 다르지만 재미있는 이야기를 창작한 아이 한 명에게 선물을 준다. 뜻밖의 창의적인 이야기도 많이 등장해 모두 재미있게 즐길 수 있다.

여섯 번째. 책 안 틀리고 읽기

글자를 틀리지 않고 계속 읽는 놀이다. 글자를 조금이라도 틀리면 바로 다음 사람이 이어서 읽는다. 읽는 사람도 평소보다 집중해서 읽고, 듣는 사람도 틀리는 글자가 없는지 알아채야 하기 때문에 평소보다 몇 배는 집중해서 듣는다.

일곱 번째. 책 외우기 게임

"어디에 있니? 다람쥐야 어디에 있니? 강아지야 어디에 있니?" 같은 동시나 리듬감이 있는 짧은 글들을 암기하는 놀이를 했다. 틀리지 않고 끝까지 먼저 외운 사람이 승리하는 놀이다

이런 놀이는 얼마든지 변형해서 진행할 수 있다. 아이들이 책을 친숙하고 재미있게 놀이로 생각하도록 하는 것이 첫 번째 목표이므로

지나치게 학습적인 분위기로 가지 않도록 조심하면서 아이들과 즐겁게 놀자.

#6
책이
가족의 일상이
된다면

책과 일상의 결합

책 읽기가 의무처럼 느껴지면 점점 지겹고, 하기 싫어진다. 일부러 노력해야만 할 수 있는 공부처럼 느껴지게 되기도 한다. 하지만 책을 읽는 것이 일상이자 놀이가 되면, 내가 지금 책을 읽고 있는 것인지, 노는 것인지, 쉬는 것인지 모른 채 자연스러워진다. 책 읽기가 일상이 되는 것이다.

책과 일상을 결합하는 첫 번째 방법은 도서관이나 서점을 가는 것이다. 도서관이나 서점에 아이들과 방문할 때는 책을 읽혀야겠다는 목적으로 가지 말자. 시작은 구경을 가는 것이다. 이곳은 누가 방문하고 뭘 하는 공간인지, 어떤 사람들이 일하고 있는지를 보여주는 것이다.

나는 도서관에 책을 대여하고 반납할 때 일부러 아이들을 데리고 다녔다. 그러면서 여기는 아이들이 떠들면 안 되는 곳이니 밖에서 기다리라고 말했다. 입장을 못한다고 하자 아이들은 미친듯이 궁금해하며 여러 가지 질문을 했다.

"여기는 어른들만 오는 곳이에요?"
"어린이 책은 없어요?"
"돈 내요? 공짜인가요?"

일단 호기심 유발에 성공한 후에는 도서관 지하에 있는 식당에 데리고 가서 밥도 사주고 아이스크림도 사주면서 아이들이 궁금해하는 질문에 답을 해줬다. 몇 번 그렇게 하자 아이들이 어린이 책 코너에 한번 가보고 싶다고 하고, 그곳에 책 읽는 친구들이 많으니까 본인들도 회원증을 만들고 싶다고 했다. 그렇게 회원증을 만들고 나서부터는 함께 도서관에 가서 나는 성인 도서 코너에서 책을 읽고, 아이들은 어린이실에서 책을 읽는다. 서점도 아이들과 자주 방문했다. 방문해서는 내가 필요한 책만 샀는데 어느 날부터는 아이들도 읽고 싶은 책이 있다며 사달라고 하더라.

아이들에게 처음부터 "도서관이나 서점에 가서 조용히 책을 읽자" 라고 했다면 어떻게든 가지 않으려 했을 것이다. 하지만 '도서관 놀이', '서점 놀이'처럼 느껴지게 만드니 책을 읽는 것이 제법 즐거운 일로 인식되어 거부감이 없어졌다.

관심 연결 독서법

아이들이 관심 있어 하는 것을 독서로 연결하는 것은 매우 중요하다. 이러한 관심 연결 독서법은 텔레비전이나 영화를 볼 때도 적용 가능하다. 어느 날 아이가 공룡이 등장하는 프로그램을 보더니 극장에서 공룡 영화를 보고 싶다고 했다. 관련 영화를 찾아 예매하고 공룡 책을 여러 권 읽어주고, 서대문 자연사 박물관에 가서 공룡화석을 보여줬더니 무척 좋아했다.

아이들은 경험한 것을 잘 기억한다. 비행기 책을 열 번 읽어주는 것보다 한 번 비행기를 타는 것이 기억에 더 남는다. 하지만 비행기만 타보는 것은 '타봤다'는 경험 말고는 남는 것이 없다. '비행기'에 대한 책으로 관심을 갖게 하고, 타보는 경험을 더한 후, 독서록이나 일기 형태로 쓰기까지 한다면 읽기+경험+쓰기가 한꺼번에 이뤄져 좋다.

경험할수록 쓸 내용도 풍부해진다. 그래서 쓰기를 어려워하는 아이에게는 일단 이것저것 다양한 경험을 시켜주면 좋다. 그러면 훨씬 쉽게 쓸 수 있다. 그래도 어려워하면 일단은 편하게 말로 하라고 한 후, 녹음해서 그대로 쓰게 하는 것도 방법이다.

책과 여행 가기

아이들 교육에 '여행'은 중요하다. 최효찬 작가의 《세계 명문가의 독서교육》을 보면 세계의 명문가라고 불리는 곳에서는 독서만큼 여행의 중요성을 강조한다고 한다. 세계적인 정치 명문인 케네디 가(家)는 여행을 떠나게 되면 그 나라의 종교에 대한 책은 반드시 읽도록 했다고 한다. 이를테면, 중국을 여행한다면 《공자》를 읽고, 인도를 여행할 때는 《불경》과 《힌두교 경전》을 읽는 식이다.

독서가 책을 통한 간접 경험을 할 수 있게 해준다면, 여행은 직접 경험을 통해 새로운 지식을 쌓게 해준다. 배움의 기회만 놓고 본다면 독서와 여행의 중요성은 동등하다.

여행이 중요하니까 비싼 돈을 들여 아이를 데리고 유럽 여행을 떠났는데 오르세 미술관이나 대영 박물관 계단에 앉아 게임만 하고 오는 아이 때문에 속이 타들어 간다는 얘기를 많이 들었다. 여행이고 뭐고 그 자리에서 아이들을 막 혼냈더란다. 부모 입장에서는 비싼 비용을 들여 갔으니 그만큼의 배움이 있어야 한다는 부담감도 작용했으리라. 한숨을 쉬는 부모에게 이렇게 물어보았다.

"그런데 그 여행, 아이들도 동의한 건가요?"

부모들은 교육적인 목적으로 여행을 가는 데 아이들은 여행에 관심이 없는 경우가 많다. 그래서 내가 쓰는 방법은 아이들이 관심 있어 하는 주제가 뭔지를 파악하고, 여행 코스를 짤 때 반영하는 것이다. 또한 책을 통해 사전 지식을 쌓아준 후 여행을 떠나는 것도 좋다.

제주도 여행을 떠난다면, 아이들에게 미리 어디를 가고 싶은지 물어본다. 우리 아이들은 바다와 항공우주박물관, 공룡공원을 가고 싶다고 했다. 그 중심으로 코스를 짠 후, 출발하기 전까지 제주도에 관련된 책들을 아이들에게 읽어주면서 호기심을 키워줬다. 제주도에 도착해 아이들의 질문에 대답할 수 있도록 나 역시 섬이나 화산, 바다, 올레길, 돌 같은 제주도에 대한 책을 미리 읽어뒀다.

이렇게 아이와 책으로 여행할 곳을 미리 공부하면, 여행 가서도 훨씬 능동적으로 참여한다. 책에서 보고 대충 넘어간 곳도 실제 가서 보고 깊이 있는 지식을 습득하기도 한다. 이런 경험을 통한 공부는 아주 오랫동안 머릿속에 각인된다. 그러니 자녀와 함께 여행을 떠날 때는 반드시 책으로 먼저 간접 경험을 하게 하자.

가족 독서를
시작하고 우리에게
찾아온 변화

자녀 학습 증진

아이가 독서로 글을 읽고 이해하는 능력인 문해력이 높아지면 국어는 물론이고, 다른 과목 향상에도 큰 도움이 된다. 요즘 아이들은 독서를 하지 않아 교과서 자체를 이해 못 하는 학생들이 많다고 한다. 문해력이 낮으면 교과서를 읽을 순 있어도 그 글이 어떤 의미를 지니고 있는지 파악하기 힘들다. 자연히 시험 문제도 이해하지 못하니 성적도 떨어지게 된다. 우리 아이도 수학 문제를 계속 틀렸는데 나중에 보니 더하기 빼기를 몰라서가 아니었다. 수학 문제가 스토리텔링식으로 되어 있어 문제를 정확하게 파악하지 못했던 거였다. 책 읽기를 시작하고 줄거리 말하기를 하면서 지문 이해력이 높아져 수학 점수는 차츰차츰 올라갔다. 독서를 한 후 대화까지 이어서 하니 한 가지 질문에도 다양하게 대답할 수 있게 되고, 생각이 다른 상대방의 이야기를 집중해서 들어주는 능력도 생겼다. 첫째 아이는 수줍음이 많은 편이다. 한때는 언어 치료까지 받았는데, 소리 내어 책 읽기를 자주 한 덕분에 교실 낭독하기에서 1등을 하기도 했다. 수업 시간에 발표를 잘해서 선생님께 칭찬을 듣는다는 말도 전해 들었다.

아이들은 책을 읽을수록 호기심이 많아진다. 읽은 책이 쌓이고, 이 책에서 저 책으로 연결해서 독서를 하다 보니 '이건 왜 이렇지?' '이 책에는 없지만 나는 이 부분이 궁금한데?'와 같이 자꾸만 지적 호기심이 발동하는 것이다. 이런 호기심은 굉장한 동기부여가 돼서 자꾸만 더 많은 정보가 있는 책을 찾아 읽게 된다. 앞으로의 자녀학습에는 읽기와 말하기, 논술이 더욱 중요해진다고 한다. 내 아이가 뒤처지지 않기 위해서는 지금부터라도 소리 내어 책 읽기, 토론하기, 독서록 쓰기를 열심히 실천해야 한다.

부부 대화 증가로 인한 관계 개선

결혼한 지 11년이 되었다. 하지만 아직도 나와 함께 사는 이 남자에 대해 완전히 안다는 생각은 들지 않는다. 어느 날 생선을 구웠더니 남편이 너무 맛있게 먹어서 "당신, 생선 원래 잘 안 먹지 않아? 오늘은 웬일로 잘 먹네?"라고 했더니 "나는 생선조림은 안 먹고, 구이는 잘 먹어"라고 대답하는 게 아닌가. 아니 내가 이 사람을 이렇게 모르고 있었나? 하는 생각이 들었다. 남편도 지금까지 생선구이를 좋아한다는 말은 하지 않았다. 어쩌면 당연한 일이다. 우리는 대화를 하지 않는 부부였기 때문이다. 결혼하고 단조로운 일상을 10년쯤 보내고 나니 아이들 얘기 말고는 할 말이 없었다. 그런데 책을 읽기 시작하니 책을 통해 배우자의 관심사를 알게 되고, 관심사에 대한 대화를 하게 되니 대화 소재가 훨씬 풍부해졌다. 평소에 물어보기 어려운 질문도 책을 매개로 할 수 있다. "내가 책에서 보니까 이런 내용이 있던데, 당신은 어떻게 생각해?"라는 식으로 물어보면 상대방은 자신의 진심을 대답으로 전하기도 한다. 시가나 처가, 아이들 얘기는 직접적인 이해관계가 있기 때문에 서로 방어적이 되어 싸움으로 번지기도 하지만 책과 관련한 대화는 그럴 일이 없다. 그저 자기 생각을 얘기하면 되는 것이다. 이런 대화가 쌓여 우리 부부는 점점 서로를 이해하게 되었고 부부 관계도 개선되고 있다.

가족 관계 개선

가족 구성원이 책으로 질문하고 대화를 하려면 좋은 관계가 선행되어야 한다. 화가 나서 얼굴이 붉어진 상태에서는 책도 잘 안 읽히고, 대화하기는 더더욱 되지 않는다. 나는 책 읽기를 시작한 이후로 아이들에게 크게 화를 내본 적이 없다. 책을 읽고 대화하는 시간을 통해서 하고 싶은 말을 하니까 감정도 해소되는 것 같다. 주말마다 에너지 넘치는 아이들을 데리고 어디를 가야 하나가 고민이었는데, 지금은 읽은 책에 관련된 활동을 찾아 하면 되니 그런 고민도 사라졌다. 우리만의 가족 놀이 문화가 생긴 것이다.

텔레비전을 보는 시간이 현저하게 줄어든 만큼 가족 간의 대화는 늘었다. 대화가 늘어난 만큼 가족과의 관계 역시 친밀해지고 있다. 이제야 나는 남편을, 아이를 제대로 알게 된 것 같은 느낌이 든다.

책 읽기를 한 지 7년이 되었다. 책을 읽으며 스스로 바뀌고 있음을 느끼게 된 건, 읽기를 시작하고 3개월이 지나면서였다. 가족 독서를 시작한 것은 책 읽기를 시작한 지 4년쯤 되고 부터다. 아이들이 독서를 하며 바뀌고 있음을 느끼기 시작한 건 가족 독서를 시작하고 1년 정도가 지나면서였다. 아직은 적극적인 참여를 하지 않고 있는 남편에게도 조금씩 긍정적인 시그널이 보이고 있다. 나는 이렇게 따로 또 같이 독서를 하며, 오늘보다 나은 내일을 꿈꾼다.

그릇의 크기에 따라
꿈의 크기도 달라진다

어떤 분이 이렇게 물어봤다.

"전안나씨는, 앞으로 진로가 어떻게 됩니까?"

"제가 중·고등학생도 아니고 무슨 진로요?"

"왜요? 아직 30대 중반이면 살날이 60년은 남았는데"

"아… 그렇군요"

진로(進路) [명사]: 앞으로 나아갈 길.

너무 오랫동안 잊고 있었던 말이다. 아이가 둘 있는 30대 중반의 아줌마로만 존재 했던 나에게 앞으로 살 60년을 어떻게 살 것인지 묻는 이 질문은 많은 것을 생각하게 했다.

나는 누구인가?
나의 꿈은 무엇인가?
나의 비전은 무엇인가?

나는 열아홉 살에 사회복지 공부를 시작해서 스물셋에 사회복지사가 되었고, 지금까지 16년 동안 사회복지사로 일하고 있다. 스물여덟 살에 아이를 낳아 워킹맘이 되었고, 서른 두 살부터 하루 한 권 책 읽기를 시작해 지금은 작가와 강사로도 활동하고 있다.

인간에게는 자기 일과 인생을 정당화하려는 강한 욕구가 있다고 한다. 나도 그렇다. 나는 내 삶을 사랑한다. 내 인생의 의미를 찾으려 오랜 시간 노력했고, 마침내 찾았다. 만약 그것을 찾지 못했다면 버티지 못했을 것이다.

사람들과 이야기를 하다 보면 자신이 원하는 것이 무엇인지 뚜렷하게 말할 수 있는 사람이 별로 없다. 자신이 진짜 원하는 것이 무엇인지 모른 채 사는 사람들도 많다. 진짜 원하는 것을 찾고 싶을 때 스스로 묻는 말이 있다.

당신이 원하는 대로 이루어진다면 어떤 모습인지
'가장 완벽한 사진 한 장'을 떠올려 보세요.

스스로 생각할 수 있는 가장 완벽한 사진, 그것이 우리가 진정으로 원하는 것이다. 이 글을 읽는 당신에게 물어보고 싶다.

당신은 누구인가요?
당신의 꿈, 비전, 삶의 목표는 무엇인가요?
당신의 미래에, '가장 완벽한 사진 한 장'은 어떤 모습인가요?

결혼과 출산을 하면서 많은 엄마가 꿈을 접는다. 스스로 생각해서 판단할 수 있는 성인인 지금, 꿈을 실현하지 못하는 이유는 무엇인가? 결혼하고 아이가 있다고 꿈을 접어야 할 필요는 없다. 나는 "해본 만큼 이익이다. 해 본데까지가 자기 한계이다"라는 말을 사랑한다. 목표를 세워 선언하고, 차곡차곡 실현하자. 꿈을 담는 그릇의 크기에 따라 꿈의 크기는 달라진다고 했다. 한국인 최초로 CNN 서울 지국장을 역임한 손지애 교수의 말을 마지막으로 전한다.

"여기는 CNN, 나의 꿈은 24시간 잠들지 않는다."

여기까지가 저의 얘기입니다. 그런데 책을 읽는 독자들이 '저렇게 할 수 있는 건 작가밖에 없는 거 아냐? 나는 못해'라고 생각하며 책을 덮을까 봐 걱정이 됩니다. 그래서 온라인에서 함께 책 읽기 목표를 공유하고 있는 다른 워킹맘의 사례들을 모아 소개하려 합니다. 아래는 1천 권 독서를 목표로 작년부터 책을 읽기 시작한 세 명의 엄마들의 독서 시간을 나타낸 것입니다.

일하는 엄마 A(30대 후반, 아이 1명)

1천 권 목표	2018년 5월 ~ 2023년 5월	5년
단기 목표	주 4권 이상	
중기 목표	월 16권 이상	
장기 목표	연 200권 이상	
독서 시간	주중 5일	매일 2시간 (회사 업무 전 20분 + 점심시간 10분 + 퇴근 후 집 90분)
	주말 2일	매일 4시간
셀프 인센티브	월 목표 달성 시 10만 원씩 여행 적금 넣고, 1000권 읽으면 해외 여행 가기	

일하는 엄마 B(40대 초반, 아이 2명)

1천 권 목표	2018년 7월 ~ 2026년 7월	8년
단기 목표	주 3권 이상	
중기 목표	월 10권 이상	
장기 목표	연 120권 이상	
독서 시간	주중 5일	매일 3시간 (업무 전 60분 + 점심 시간 45분 + 자기 전 75분)
	주말 2일	매일 3시간 (아이 기상 전 120분 + 자기 전 60분)
셀프 인센티브	월 10권 달성 시 3만 원 이내 사고 싶은 물건 사기	

일하는 엄마 C(40대 중반, 아이 2명)

1천 권 목표	2018년 1월 ~ 2028년 1월	10년
단기 목표	주 2권 이상	
중기 목표	월 8권 이상	
장기 목표	연 100권 이상	
독서 시간	주중 5일	매일 1시간 20분 (출근 전 20분 + 점심 20분 + 퇴근 전 20분 + 자기 전 20분)
	주말 2일	매일 3시간
셀프 인센티브	월 목표 달성 시 외식하기	

이렇게 다양한 일하는 엄마들이 중·장기 계획을 세우고 독서를 하고 있습니다. 지금부터 당신도 목표를 세우고 시작해 보세요. 1년 뒤의 당신은 분명 지금과 다를 것입니다. 행운을 빕니다.

부록

일하는
엄마를 위한
주관적 필독서 20

삶에 지친 마음을 위로하는 책

도서 제목	당신이 옳다	저자	정혜신
한 줄 추천	모든 감정은 옳다.		

머리로 읽기 (문장 필사)

- 사람이라면 누구나 상처가 있다. 남보다 특별하게 예민한 구석도 있다. 예외인 사람은 없다.
- 타인을 공감하는 일보다 더 어려운 것은 나에게 집중하고 나에게 공감하는 일이다.
- 상처를 다 드러내고 살 수 있을까. 그럴 수도 없고 그럴 필요도 없다.
- 사람의 마음은 항상 옳지만, 그에 따른 행동까지 옳은 건 아니다.

가슴으로 읽기 (깨달은 점)

- 그동안 얼마나 힘들었니? 네 마음은 지금 어떠니? 다른 사람에게는 물어보면서 스스로에게는 물어본 적이 없는 질문이다.

발로 읽기 (적용할 점)

- 충전되지 않은 배터리처럼 방전되고 있는 것은 아닌지 스스로 점검하고, 1주일에 한 번은 나만의 시간을 가지자.

도서 제목	30년만의 휴식	저자	이무석
한 줄 추천	상처받은 마음속 아이를 들여다보는 시간		

머리로 읽기 (문장 필사)

- 자신을 깊이 이해할수록 인간은 편하고 자유로워진다.
- 사람이 사람에게 약이다.
- 눈물로 씻겨지지 않는 슬픔은 몸을 울게 만든다.
- 건강한 자기애는 인격의 핵심이 된다.

가슴으로 읽기 (깨달은 점)

- 마음속 아이가 오랫동안 나를 괴롭혀왔다. 마흔을 앞둔 지금까지도.

발로 읽기 (적용할 점)

- 마음속 아이는 유년기에 만들어낸 허상일 뿐이다. 이제 작별하자.

241

도서 제목	받아들임	저자	타라 브랙
한 줄 추천	자책과 후회 없이 나를 사랑하는 법		

머리로 읽기 (문장 필사)

- 사람들은 무가치감의 트랜스에 빠져들어 속으로는 자기를 무가치하다고 여기면서도 겉으로는 자기의 가치를 증명하려고 안간힘을 쓴다.
- 누군가를 실망하게 하거나 누군가에게 거부당할 거라는 두려움은 항상 나와 함께 했다.
- 우리가 수용할 수 있는 것의 경계는 자유의 경계다.
- 대개 멈춤이 가장 필요한 순간은 바로 그렇게 하기가 힘들다고 느낄 때다.

가슴으로 읽기 (깨달은 점)

- 나를 있는 그대로 받아들일 때 변화의 가능성이 열린다.

발로 읽기 (적용할 점)

- '있는 그대로 참 좋은 사람이다' 매일 나에게 말해주자.

도서 제목	프로이트의 의자	저자	정도언
한 줄 추천	불만, 두려움, 불안, 공포, 불행, 합리화, 연애, 사랑, 복수, 용서		

머리로 읽기 (문장 필사)

- 불만은 우리를 움직이게 한다. 만족한 상태에서는 움직이기가 쉽지 않다. 부족해야 불만이 생기고, 그것이 우리를 움직여 일하게 한다.
- 모두에게는 자기를 망치려는 마음의 씨가 있다.
- 분노하여 원한을 품는 것은, 내가 독을 마시고, 남이 죽기를 기다리는 것과 같다.
- 부러움, 시기, 질투는 인생의 동반자이다. 뜨거운 피가 흐르고 감정을 느끼는 인간이라면 피할 수 없다.

가슴으로 읽기 (깨달은 점)

- 나쁜 마음이 꼭 나쁜 것만은 아니다. 나를 움직이게 하는 힘이 될 수도 있다.

발로 읽기 (적용할 점)

- 내 마음속 불만, 두려움, 불안, 공포, 불행, 합리화, 연애, 사랑, 복수, 용서를 정기적으로 프로이트의 의자에 앉혀보자.

도서 제목	필경사 바틀비	저자	허먼 멜빌
한 줄 추천	행동하지 않기를 선택하기		

머리로 읽기 (문장 필사)

- 지금도 그 모습이 눈에 선하다. 창백하리만치 말쑥하고, 가련하리만치 점잖고, 구제 불능으로 쓸쓸한 그 모습이, 그가 바틀비였다.
- 안 하는 편을 택하겠습니다.
- 소극적인 저항처럼 열성적인 사람을 괴롭히는 것도 없다.
- 고통 받는 것은 그의 영혼이었으며 나는 그의 영혼에 닿을 수 없었다.

가슴으로 읽기 (깨달은 점)

- 쓸모없어진 현대인의 쓸쓸한 마지막.

발로 읽기 (적용할 점)

- 하지 않을 것을 선택하고, 말로 표현하기. "저는 그 일을 하지 않겠습니다"

자녀 교육에 도움이 되는 책

도서 제목	EBS 60분 부모: 스스로 공부하는 아이	저자	김미라 외
한 줄 추천	태어나서 초등학교 6학년까지 발달 단계별로 자기주도학습을 어떻게 해야 하는지 알려주는 안내서		

머리로 읽기 (문장 필사)

- 초등학교 시기에 '자기주도학습'이라는 자전거에 태워야 한다.
- 4차례 방황기 : 3세 무렵, 7세 무렵, 사춘기, 중년기
- 부모 자녀 관계가 나쁘면 학업 성취도도 낮다.
- 시간 관리법이 자기 관리의 출발점이자 종착점이다.
- 거실에 책상을 두고, 저녁 식사 후 다 함께 앉아서 책을 읽거나 공부하자.

가슴으로 읽기 (깨달은 점)

- 초등학교 시기에 꼭 심어줘야 하는 학습에 대한 바른 태도는 학원이나 선행학습이 아니라 자기주도학습, 시간 관리법이다.

발로 읽기 (적용할 점)

- 아이를 안아줄 때 "예쁘다" "멋지다" "착하다" 말하며 안아주자.

도서 제목	하루 15분 책 읽어주기의 힘	저자	짐 트렐리즈
한 줄 추천	영유아부터 사춘기까지 하루 15분 책 읽어주기 효과		

머리로 읽기 (문장 필사)

- 아이에게 너무 일찍 읽어주기를 그만두는 것은 책을 전혀 읽어주지 않는 것과 맞먹을 정도로 큰 실수이다.
- 책을 읽어주기에 너무 늦은 아이는 없다.
- 반복해서 읽어주는 것은 어른에게는 지루한 일일 수 있지만, 아이에게는 절대적으로 중요한 일이다.
- 10대에게 성공적으로 책을 읽어주기 위해서는 아이의 아침 식사 시간이나 간식 시간을 이용하는 것이 좋다.

가슴으로 읽기 (깨달은 점)

- 10대에게도 책 읽어주기가 도움이 된다는 것을 처음 알게 되었다.

발로 읽기 (적용할 점)

- 긴 시간이 아니라 하루 15분 책을 읽어주는 것만으로도 효과가 있다. 기준을 낮추자.

도서 제목	믿는 만큼 자라는 아이들	저자	박혜란
한 줄 추천	과외를 시키지 않고도 세 아들을 서울대 보낸 엄마의 육아 철학		

머리로 읽기 (문장 필사)

- 워킹맘, 전업맘이 중요한 게 아니다. 아이에게 정서적 안정감을 주기 위해서는 부모들이 먼저 안정되어야 한다.
- 남들보다 빨리 배우면 뭘 하나요? 끝까지 배워야죠.
- 어린아이들이라도 조곤조곤 타이르면 다 알아듣는다는 것이 평소 믿음이다.
- 흔들리는 것은 아이가 아니라 부모.
- 대화는 말로만 하는 것이 아니다. 부모와 자식 간의 대화에서 말보다 더 중요하고 확실한 것은 바로 '스킨십'이다. 스킨십처럼 친밀한 대화가 어디 있을까.

가슴으로 읽기 (깨달은 점)

- 아이는 키워야만 하는 대상이 아니라, 함께 놀아주기도 하는 대상이다.

발로 읽기 (적용할 점)

- 둘째가 이유 없이 짜증 부릴 때 혼내지 않고 안아주자. 안은 채 이야기하자.

도서 제목	이상한 정상가족	저자	김희경
한 줄 추천	부모와 아이로 구성된 정상가족이라는 이데올로기 안에서 아이들의 인권을 이야기하는 책		

머리로 읽기 (문장 필사)

- 한 사회가 아이들을 다루는 방식보다 그 사회의 영혼을 더 정확하게 드러내 보여주는 것은 없다.
- 체벌의 교육적인 효과는 없다. 오히려 폭력의 내면화를 통해 뒤틀린 인성을 만들어낼 뿐이다.
- 사랑의 매라는 표현은 전적으로 매를 든 사람의 논리이다.
- 사랑을 폭력과 연관 짓는 사고방식은 우리 사회에 너무 만연하다.
- 삶은 개인주의적으로 살고, 해법은 집단주의적으로 찾아야 한다.

가슴으로 읽기 (깨달은 점)

- 아동 인권 중에 '놀 권리'가 있다는 것을 처음 알게 되었다.

발로 읽기 (적용할 점)

- 아이들을 절대로 때리지 않겠다. 정서적 체벌도 하지 않겠다.
- 하루 1시간 이상 아이들의 놀 권리를 지켜주자.

도서 제목	당황하지 않고 웃으면서 아들 성교육하는 법	저자	손경이
한 줄 추천	아들을 둔 엄마를 위한 맞춤형 성교육 안내서		

머리로 읽기 (문장 필사)

- 자신의 성에 대한 판단을 스스로 내리는 자기 결정권과 상대방의 성에 대해 이해하는 젠더 감수성을 알려주고 실천한다.
- 성교육 집중 시기는 2~4세, 초등학교 5~6학년, 중학교 2학년, 고등학교 1학년이다.
- 성교육의 핵심은 자기 결정권과 존중이다.
- 성폭력이 상대의 의사에 반하는 성적 행동을 하는 것이라면 젠더 폭력은 젠더에 의한 차별과 불평등을 모두 아우른다.

가슴으로 읽기 (깨달은 점)

- 부모가 적절한 시기에 올바른 성 정보를 제공하면 아이를 왜곡된 성 정보에서 보호할 수 있다.

발로 읽기 (적용할 점)

- 남자아이라고 밖에 있는 화단에 소변을 누게 한 적이 있었는데, 꼭 화장실에 가도록 해야겠다.
- 아이용 성교육 책을 사서 아이들 자기 전에 읽어주자.

엄마의 자기계발을 위한 책

도서 제목	어떻게 살 것 인가	저자	유시민
한 줄 추천	죽음을 말하면서, 삶을 이야기 하는 책		

머리로 읽기 (문장 필사)

- 하루의 삶은, 하루만큼의 죽음이다.
- 삶의 모든 순간은 죽음이라는 운명과 대비할 때 제대로 의미를 드러낸다.
- 삶과 죽음은 다르지만 둘 다 존엄할 수 있다. 사람은 존엄성을 지키기 위해 살기도 하고 죽기도 한다. 그것이 인간이다.
- 더 진하게 죽음을 생각할수록 삶은 더 큰 축복으로 다가온다

가슴으로 읽기 (깨달은 점)

- '나는 왜 자살하지 않고 오늘도 살고 있는가?'라는 질문이 마음에 울림을 준다.

발로 읽기 (적용할 점)

- 죽지 않고, 사는 이유를 찾을 수 있는 매일을 살자.

도서 제목	생각하지 않는 사람들	저자	니콜라스 카
한 줄 추천	'왜 책을 읽어야 하는가?'에 대해 답을 주는 책		

머리로 읽기 (문장 필사)

- 정보를 머릿속에 저장하지 않아도 되는 디지털 시대이다. 정보를 따라 흘러 다니는 우리의 뇌는, 더는 깊이 있는 사고를 하지 않게 되었다. 뇌 구조도 깊이 있는 사고를 하지 못하도록 변화하고 있다.
- 인터넷은 질문하면 답변에 이르기까지의 시간이 짧기 때문에 호기심이 숙성할 시간을 주지 않는다. 우리는 계속 새로운 정보를 계속 찾아다니며, 그로 인해 집중력과 사고력을 잃어버리게 된다.

가슴으로 읽기 (깨달은 점)

- 디지털 시대에 왜 책을 읽어야 하는지에 대한 답을 찾을 수 있었다.

발로 읽기 (적용할 점)

- 누군가 '디지털 시대에 책을 읽어야 하는 이유'에 대한 질문을 한다면 이 책을 통해 습득한 논리적인 답변을 해주리라.

도서 제목	춤추는 고래의 실천	저자	켄 블랜차드
한 줄 추천	자기계발서를 아무리 읽어도 삶이 변하지 않는 분들을 위한 책		

머리로 읽기 (문장 필사)

- 아는 것과 실천하는 것 차이에는 엄청난 간극이 존재한다.
- 아는 것과 실천 사이의 틈을 줄이는 방법은 '좀 더 적은 것을, 좀 더 자주 배워야 한다'는 것이다.
- 현재를 관리하며, 미래를 위한 준비를 해야 한다.
- 책 한 권, CD 한 장, 세미나 한 번으로 바뀔 수 있는 사람은 없다.

가슴으로 읽기 (깨달은 점)

- 나는 그동안 아는 만큼만 실천한다고 생각했는데 그게 전부가 아니라는 것을 알게 되었다.

발로 읽기 (적용할 점)

- 독자들과 함께 독서모임을 계획하고, 진행해 보자.

도서 제목	나폴레옹 힐 성공의 법칙	저자	나폴레온 힐
한 줄 추천	미국 자기계발서의 고전		

머리로 읽기 (문장 필사)

- 성공이란, 타인의 권리를 해치지 않은 채 자신의 목표를 달성하는 것이다.
- 일정한 수준의 경제적 독립이 없는 한, 진정한 자유란 있을 수 없다.
- 자신감은 명확한 지식, 그 지식을 전파할 수 있는 능력, 당신을 따르는 타인에 대한 우월감으로부터 생겨난다.
- 누구도 두려워하지 말라. 누구도 미워하지 말라. 누구의 불행도 빌지 말라. 그러면 당신은 더 많은 친구를 얻게 될 것이다.

가슴으로 읽기 (깨달은 점)

- 다른 사람이 성공하도록 도와주는 것이, 내가 가장 성공하는 길이다.

발로 읽기 (적용할 점)

- 다른 사람의 성공을 돕는 사람이 되자.

도서 제목	왓칭 1, 2	저자	김상운
한 줄 추천	생각과 마음의 힘을 깨닫게 해주는 책		

머리로 읽기 (문장 필사)

- 지능은 고정된 것이 아니다. 시야를 넓힐수록 무한히 늘어난다.
- 마음의 공감을 넓힐수록 '나'도 점점 커진다.
- 모든 생각은 에너지의 물결이다.
- 용서는 나를 위한 것이다.
- 뇌세포를 포함한 내 몸 전체는 적어도 2년마다 완전히 새로운 세포로 물갈이 된다.

가슴으로 읽기 (깨달은 점)

- 생각만으로 마음이 닫히고, 열릴 수 있다. 마음이 닫히고 열림에 따라 나의 성장도 열리고 닫힌다.

발로 읽기 (적용할 점)

- 2년마다 뇌세포도 새롭게 태어나는데, 2년마다 나는 어떻게 달라지고 있는지 점검하자.

도서 제목	아픔이 길이 되려면	저자	김승섭
한 줄 추천	사회역학자의 눈으로 본 한국사회의 건강 불평등		

머리로 읽기 (문장 필사)

- 쏟아지는 비를 멈추게 할 수 없을 때는 함께 비를 맞아야 한다.
- 아름다운 사회는 나와 직접적인 관계가 없는 타인의 고통에 예민하게 반응하는 사람들이 살아가는 사회이다. 열심히 정직하게 살아온 사람들이 자신의 자존을 지킬 수 없을 때, 그 좌절에 함께 분노하고 행동할 수 있는 사람이 많은 사회이다.
- 이기심을 뛰어넘는 삶을 살아보자.

가슴으로 읽기 (깨달은 점)

- 질병의 사회적 책임에 대해 일깨워 준 책이다.

발로 읽기 (적용할 점)

- 이 책으로 독서토론을 활발하게 진행해야겠다. 비가 내리면 함께 맞아줄 수 있는 사람들이 많이 생겨날 수 있도록.

도서 제목	실격당한 자를 위한 변론	저자	김원영
한 줄 추천	1급 지체장애인 김원영 변호사가 장애나 질병, 가난, 부족한 재능을 이유로 세상에서 실격 선고를 받은 이들을 위해 쓴 변론서		

머리로 읽기 (문장 필사)

- 우리는 자신의 인생을 살아가는 동시에 타인과 상호작용하며 성장한다. 그러면서 더 밀도 높은 사람이 되어 간다. 성장의 차이는 있지만, 겉보기에 '별 볼 일 없는 사람'도 모두 자기만의 색을 가진다.
- 어떤 사람을 존엄한 존재로 대우한다는 것은, 그 사람을 자기 인생의 자율적인 형성 주체로 인정한다는 뜻이다.
- 인간이 세상에 태어난 것 자체로 손해일 수 있을까?
- 얼굴이 없는 존재, 익명화된 존재, 기호화된 존재는 오믈렛과 다를 바 없다.

가슴으로 읽기 (깨달은 점)

- 자신의 의사를 표현하기보다 사람들의 시선에 노련해지는 방법을 터득해야 하는 사람들이 있다. 그런 사람들의 삶을 깊게 생각할 수 있었다.

발로 읽기 (적용할 점)

- 나 역시 이상한 시각으로 장애인을 보지 않았나? 자신을 스스로 점검해보게 되었다. 장애를 가졌을 뿐 그저 같은 한 사람으로 보기 위해 노력하자.

도서 제목	피로사회	저자	한병철
한 줄 추천	피로사회는 자기 착취의 사회다.		

머리로 읽기 (문장 필사)

- 시대마다 그 시대의 고유한 질병이 있다.

- 오늘날의 정신 질환은 긍정성의 과잉으로 일어난다. 아닌 것은 아니라고 말하고, 해서 안 되는 것은 하지 않아야 하는데 전부 할 수 있다고 믿어버리는데서 오는 것이다.

- 소진 증후군은 '탈진한 자아의 표현'이기보다는 '다 타서 꺼져버린 영혼의 표현'이라고 해야 한다.

- 힘에는 두 가지 형태가 있다. 하나는 긍정적 힘으로써 무언가를 하는 힘이고, 다른 하나는 부정적 힘으로써 하지 않는 힘이다.

가슴으로 읽기 (깨달은 점)

- 신체적, 정신적 힘이 고갈되어 탈진한 상태인 '소진'은 나를 둘러싼 환경(아이, 남편, 일) 때문이 아니라 바로 '나' 때문이다.

발로 읽기 (적용할 점)

- 아무것도 하지 않을 권리를 스스로에게 부여하자.

도서 제목	역사란 무엇인가	저자	E.H. 카
한 줄 추천	지식 소매상, 유시민 작가가 가장 추천하는 역사책		

머리로 읽기 (문장 필사)

- 역사가들은 '과거는 상상하고 미래는 기억한다'고 말한다. 과거 해석의 열쇠는 오직 미래만이 제공할 수 있다.
- 역사란, 현재와 과거 사이의 끊임없는 대화이다
- 역사란, 획득한 기술이 한세대에서 다음 세대로 전승되는 것을 통해 이루어지는 진보이다.
- 모든 역사는 사유의 역사이다.

가슴으로 읽기 (깨달은 점)

- 역사 분야 책을 많이 읽지 않았는데, 과거와 현재, 미래를 생각하며 살기 위해서라도 더 많이 챙겨 읽어야겠다.

발로 읽기 (적용할 점)

- 유시민 작가의 《역사의 역사》에 나오는 20여 권 중 2권을 골라 읽어보자.

도서 제목	담론	저자	신영복
한 줄 추천	인문고전 입문서		

머리로 읽기 (문장 필사)

- 그 사람의 생각은 자기가 살아온 삶의 역사적 결론이다.
- 사실이란 작은 레고 조각에 불과하다. 그 조각들은 모아야 비로소 진실이 된다.
- 절망과 역경을 이겨내고, 극복하는 것이 최고의 인문학이다.
- 자살하지 않을 이유가 햇볕이라면, 살아가는 이유는 하루하루의 깨달음과 공부였다.

가슴으로 읽기 (깨달은 점)

- 강의를 다 읽은 후, 이제부터 내가 살아야 할 '강의 이후'는 무엇일까? 를 생각했다.

발로 읽기 (적용할 점)

- 앞으로는 책을 눈으로만이 아니라 머리와 가슴, 발로 읽어야겠다.

기적을 만드는
엄마의 책 공부

초판 1쇄 발행 2019년 8월 6일
초판 4쇄 발행 2020년 5월 12일

지은이 전안나
펴낸이 김남전

편집장 유다형 | 기획·책임편집 서선행 | 디자인 정란
마케팅 정상원 한웅 정용민 김건우 | 경영관리 임종열 김하은

펴낸곳 ㈜가나문화콘텐츠 | 출판 등록 2002년 2월 15일 제10-2308호
주소 경기도 고양시 덕양구 호원길 3-2
전화 02-717-5494(편집부) 02-332-7755(관리부) | 팩스 02-324-9944
홈페이지 ganapub.com | 포스트 post.naver.com/ganapub1
페이스북 facebook.com/ganapub1 | 인스타그램 instagram.com/ganapub1

ISBN 978-89-5736-006-4 (03320)

가나출판사는 당신의 소중한 투고 원고를 기다립니다. 책 출간에 대한 기획이나 원고가 있으신 분은 이메일
ganapub@naver.com으로 보내 주세요.

_____ 의
'독서 시간 만들기'

목표 권 수			목표 기간	
단기 목표				
중기 목표				
장기 목표				
독서 시간	평 일			
	주 말			
셀프 인센티브				